Ne sortons pas de l'Histoire

Des mêmes auteurs

Jean-Pierre Raffarin

Pour une nouvelle gouvernance, L'Archipel, 2002
La France de mai, Grasset, 2003
La Dernière Marche, Grasset, 2007
Je marcherai toujours à l'affectif, Flammarion, 2012
Choisir un chef, avec Alexandre Musso, Michel Lafon, 2021

Claude Leblanc

Ballon noir, avec Pierre Cherruau, L'Écailler du sud, 2006
Le Japon vu du train, Ilyfunet, 2014
C'est pas ma faute, avec Irène Inchauspé, Cerf, 2015
L'Engrenage, Komikku, 2015
Le Japon à l'heure des grands défis, Ilyfunet, 2017
Le Japon vu par Yamada Yôji, Ilyfunet, 2021

Jean-Pierre Raffarin et Claude Leblanc

Chine, le grand paradoxe, Michel Lafon, 2019

Jean-Pierre Raffarin
et Claude Leblanc

Ne sortons pas de l'Histoire

Planète, paix, Europe : une stratégie pour un siècle dangereux

Michel LAFON

118, avenue Achille-Peretti – CS 70024
92521 Neuilly-sur-Seine Cedex
www.michel-lafon.com

Avant-propos

« Nul ne peut se sentir à la fois responsable et désespéré. »
Antoine de Saint-Exupéry

Dans un entretien au Vatican le 2 décembre dernier, alors qu'il recevait notre ONG Leaders pour la paix, le pape François qualifia la guerre en Ukraine de « troisième guerre mondiale ». C'est la première fois qu'un leader de son rang qualifiait ainsi la guerre en Europe.

Je crois qu'il a raison.

Toutes les grandes puissances sont en effet concernées, à des degrés divers, mais dans cette triste affaire, en dehors du peuple ukrainien, première victime, il y a peu d'innocents. Cette guerre peut s'enflammer, notamment si la Russie fait usage d'armes de destruction massive.

L'Europe pourrait être la deuxième victime, car quand les peuples européens ont peur de la guerre, ils appellent les États-Unis d'Amérique au secours. Ainsi le grand projet européen de sécurité et de défense est considérablement fragilisé. Pour sa défense et sa souveraineté, l'Europe affiche ses divisions. Et je ne suis pas sûr qu'à Washington cette situation soit jugée préoccupante !

L'obsession américaine est chinoise. Et l'obsession chinoise est américaine. La tension entre la Chine et les États-Unis structure la gouvernance mondiale avec le risque que Taïwan devienne la nouvelle Ukraine.

L'Europe se retrouve ainsi prise en tenaille entre son Ouest et son Est. Les Américains utilisent l'extraterritorialité de leurs lois pour sanctionner leurs partenaires non alignés tandis que la Chine ouvre son marché, moteur de l'économie mondiale, au rythme de ses satisfactions politiques. Une situation dangereuse à tous points de vue.

Si la Chine et les États-Unis ne s'entendent pas on risque la grande guerre. S'ils s'entendent, nous risquons notre sortie de l'Histoire.

Les divisions auront eu raison de l'Europe, elle qui pourtant aura souvent créé cette Histoire. Notre destin est sombre, très sombre. Il se fait tard. La nuit est réellement menaçante. Notre seule chance est dans cette sagesse de Hegel : « *L'oiseau de Minerve s'envole au crépuscule.* » La sagesse a peu de temps avant la nuit !

Ce livre dessine ce que pourrait être une stratégie de Minerve pour agir fort, vite et bien. C'est un manifeste pour l'action.

D'abord, il faut donner une perspective, une raison d'être à l'Europe pour la rassembler.

L'Europe : une force pour l'équilibre du monde

L'Europe doit repenser son rôle dans l'Histoire. Aujourd'hui, sa mission est d'incarner les valeurs de la paix. Pour cela, il faut d'abord échapper à la « tenaille sino-américaine ». La meilleure façon serait de travailler un dossier stratégique avec chacun des deux. Avec les États-Unis, affirmons notre fraternité démocratique, et avec toutes les démocraties du monde, œuvrons à l'amélioration de notre modèle aujourd'hui très discuté. Avec la Chine, travaillons à un développement de l'Afrique pour les Africains en privilégiant le multilatéralisme versus le bilatéralisme. Notre indépendance dépendra aussi du pluralisme de nos dépendances.

L'Europe doit assumer son destin : être une force d'équilibre et de paix.

Leadership de la « planétisation de la politique »

Dans ce monde, il n'y a pas de rapports de force sans leadership : l'Europe doit réinventer le sien.

Pour porter ce message de paix, l'Europe doit s'appuyer sur le consensus qui caractérise aujourd'hui les sociétés mondiales. La planète est le nouvel objet politique qui mobilise les jeunes dans le monde entier. La défense de l'avenir de la planète est la plus efficace des boussoles politiques. L'idée ici est de proposer aux Européens une stratégie à partager éventuellement par référendum : devenir le continent leader de la « planétisation de la politique ». Après avoir été la terre de l'accord de Paris, soyons exemplaires dans sa mise en œuvre. Là est le futur du leadership européen.

Pour atteindre cet objectif, trois conditions principales sont nécessaires.

France-Allemagne : du couple au contrat

Réviser le moteur européen : faire passer la relation franco-allemande du couple au contrat. La stratégie du couple est utopique. Un contrat permet de respecter des politiques communes telles que les relations avec la Chine, mais aussi des différences qui peuvent être des rapports de force, comme au sujet de l'énergie nucléaire.

Le sursaut français

La stratégie de Minerve concerne aussi la France qui fait face à la multiplicité des crises en fragilisant sa cohésion sociale. Notre pays doit certes faire face au quotidien en gérant au mieux des dossiers qui sont éternels (sécurité, santé, école, retraites…), mais pour être exemplaire en matière de « planétisation de la politique », il me paraît impératif d'investir sur un petit nombre de dossiers qui sont des clefs pour notre avenir et restent compatibles avec notre stratégie de leadership européen : le nucléaire et le ferroviaire devraient être nos deux priorités.

Le retour de la politique contre la violence

Que ce soit une renaissance, une refondation ou un sursaut, le temps est venu d'arrêter la dispersion politique et de remobiliser sur des objectifs simples et accessibles à tous. C'est cela la vraie politique. Mesurons bien que la montée de la violence, que l'on constate partout, n'est en fait qu'un recul de la politique. Il n'y a pas de politique sans priorités, il n'y a pas de destin sans caractère.

La planétisation de nos débats, l'émergence de l'intelligence matérielle, les mutations de nos liens sociaux doivent nous conduire à nous réinventer un humanisme capable d'apaiser les violences, un humanisme du développement.

Il faut coûte que coûte éviter la confluence de ces deux flux de violence : celui de la brutalité de l'intérieur que l'on constate quotidiennement dans notre débat public et celui de la haine de l'extérieur que portent les guerres, le terrorisme et les excès des nationalismes. Deux forces qui, si elles se rejoignent, rendront la guerre inévitable.

Jean-Pierre Raffarin

Introduction

« Notre maison brûle et nous regardons ailleurs. » Cette phrase de Jacques Chirac prononcée en 2002, lors du IVe Sommet de la Terre qui se tenait en Afrique du Sud, ne cesse de résonner dans ma tête. Vingt ans après, l'actualité nous rappelle tous les jours que notre planète est soumise à des conditions climatiques extrêmes.

Déficit d'engagement

L'anormalité météorologique est devenue une normalité quels que soient les continents. Avec en été des températures qui dépassent allègrement les 35° C dans cette Europe tempérée dont on appréciait justement la douceur estivale, et des chaleurs infernales de près de 50° C dans des zones où l'on est pourtant habitués à vivre sous un soleil ardent, cette sensation de brûlure évoquée par « mon » regretté Président n'a jamais été aussi puissante qu'en 2022, au point qu'aujourd'hui je la ressens physiquement comme la plupart d'entre nous. Affirmer que nous sommes TOUS concernés par le changement climatique relève d'un truisme dont on devrait se moquer si la désagréable impression d'un manque d'engagement global ne dominait.

Quand l'ancien président de la République avait prononcé cette phrase, entrée depuis dans l'histoire, il avait voulu alerter le monde sur une réalité alors largement contestée. Les climatosceptiques de tout poil n'avaient guère de mal à faire valoir que les dérèglements enregistrés dans des zones éloignées de toute civilisation étaient le fruit de l'imagination de quelques scientifiques en mal de reconnaissance médiatique. Tant que les sociétés industrialisées et riches comme les nôtres n'en subissaient pas régulièrement les conséquences, nous pouvions « *regarder ailleurs* » et nous amuser d'anomalies de températures qui profitaient aux marchands de glaces et aux vendeurs de bière. La politique de l'autruche est une des stratégies les plus courantes. Cela permet de détourner le regard d'une réalité qui ne plaît pas et à l'égard de laquelle nous sommes incapables d'imaginer une réponse, surtout si celle-ci exige une vue à long terme.

Déficit d'anticipation

C'est peut-être l'un des grands drames de notre époque que notre incapacité à nous projeter dans un avenir plus ou moins lointain. Depuis les années 1970, au cours desquelles j'ai fait mon entrée dans la vie politique, notre rapport au temps a changé. Nous avons basculé dans l'immédiateté, c'est-à-dire l'espace de la nanoseconde. Les algorithmes calculés par des ordinateurs de plus en plus puissants ont fini par nous amener à renoncer à toute réflexion sur la durée au profit de celle de l'instant. Nous sommes dans la réaction permanente, ce qui conduit le monde au bord d'un chaos dont on ne sait pas se sortir. Celui-ci n'est plus le « privilège » des pays les moins développés. Après plus de soixante-dix ans sans conflit majeur, l'Europe, qui croyait avoir échappé à la fatalité de la guerre, a basculé dans l'incertitude depuis que la Russie a envahi l'Ukraine le 24 février 2022.

Cette agression est l'expression d'un échec collectif, de notre incapacité à l'anticiper, contribuant ainsi à mettre en évidence nos failles face à un monde qui a changé plus rapidement que nous l'avions pensé. L'Europe est désormais débordée de tous les côtés.

Lorsque le mur de Berlin a disparu en 1989, marquant la victoire de la démocratie libérale, les Européens ont cru que tout était possible, d'autant que le marché unique et l'euro qui se dessinaient promettaient d'entraîner l'Europe vers les sommets. Une euphorie contagieuse s'est emparée alors du Vieux Continent et du reste du monde. Je me souviens encore de ces librairies asiatiques débordant d'ouvrages sur la construction européenne et des projets locaux s'en inspirant. À l'époque, tout semblait possible, y compris dans des régions les plus inattendues. L'apparition de triangles de croissance, comme celui autour de la mer du Japon entre les deux Corée, le nord-est de la Chine, la façade occidentale du Japon et l'Extrême-Orient russe, donnait l'espoir de développements pacifiques, jusque-là apparemment inaccessibles. Un peu partout, des initiatives ont vu le jour, des échanges humains et matériels se sont multipliés, faisant oublier les rancœurs et les expériences négatives du passé.

Tous les regards se sont tournés vers l'Europe car sa construction, effort de longue haleine, offrait des perspectives aussi bien pour elle-même que pour d'autres continents. Elle symbolisait la capacité des hommes à transcender leurs différences et leurs conflits pour établir une paix durable et les conditions d'un développement économique partagé. Portée notamment dans les années 1980 par Jacques Delors, cette Europe-là en avait sous le capot. Ce dernier avait d'ailleurs déclaré : « *Le moteur de la contre-offensive libérale en Europe a été une réaction contre l'irresponsabilité.* » Il rappelait ainsi que le rôle clé de l'idée européenne était justement de ne pas oublier d'où nous venions, des tragédies qui avaient endeuillé le continent pendant la première moitié du XXe siècle. La création de la Communauté européenne, puis de l'Union européenne, répondait à un besoin de paix et d'harmonie que, bon an mal an, les Européens ont réussi à préserver jusqu'au début de l'année 2022. L'entrée des chars russes en territoire ukrainien est l'aboutissement d'un processus d'affaiblissement qui place désormais l'Europe dans une position susceptible d'aboutir à sa disparition de la marche de l'Histoire. Elle semble ne plus être en mesure de donner un souffle non seulement à son propre développement, mais aussi au reste de la planète. Elle figure souvent en spectatrice alors que le monde attend d'elle plus d'ambitions et la capacité d'offrir un point d'équilibre au moment où les défis se multiplient et les points de déséquilibre apparaissent un peu partout.

Déficit d'europe

Cela me rappelle les propos de l'écrivain allemand Heinrich Mann, selon lequel « *ou bien nous constituerons l'unité de l'Europe, nous cesserons de considérer cette unité comme une utopie, un caprice, un mirage lointain, nous nous pénétrerons, enfin, de sa nécessité absolue ; ou bien, l'Europe, cette enfant de l'Asie, qui a fait tant de bruit et tant de tumulte dans le monde, retournera sagement dans le giron de sa mère*[1] ». Prononcées il y a tout juste un siècle, ces paroles conservent toute leur actualité, je les compléterais par l'idée que l'absence d'unité de l'Europe risque de plus d'accentuer sa dépendance à l'égard des États-Unis. Ce constat n'est pas nouveau. En 1967, Jean-Jacques Servan-Schreiber avait déjà alerté les Européens dans son *Défi américain*[2] en leur disant : « *Ce qui cède devant la poussée extérieure, ayons le courage de le reconnaître, ce sont nos structures politiques et mentales – c'est notre culture.* » Il ajoutait que « *l'Europe, en ce qui concerne les institutions qu'elle avait mises en place à Bruxelles et à Luxembourg, n'est pas en train de se consolider mais de s'affaiblir* ».

1. Heinrich Mann, *Europe, état suprême, in Europe*, juillet 1923.
2. Éditions Denoël, 1967.

Un peu plus de cinquante ans plus tard, le constat reste vrai en dépit des discours volontaristes de ses dirigeants. En juillet 2019, Ursula von der Leyen, tout juste choisie pour diriger la Commission européenne, déclarait à la presse qu'*« il est décisif pour l'Europe de se présenter unie* [et qu'elle] *doit être consciente de sa force »*. Il faut croire que ce n'est toujours pas le cas en 2023. La crise ukrainienne et ses effets induits ont montré que les Européens ne parvenaient pas à s'unir et que leur principale source d'inspiration se trouvait de l'autre côté de l'Atlantique. Et c'est assez paradoxal de voir et d'entendre Mme von der Leyen déclarer à des étudiants américains de Princeton, en septembre 2022, au moment où la caméra – par hasard ou à dessein – la présentait devant un impressionnant drapeau américain : « *Cela fait maintenant une vingtaine d'années que je fais de la politique et jamais je n'ai connu une coopération aussi intense, confiante et détaillée, avec la Maison-Blanche.* » Ces paroles et ces images résument assez bien le mal dont souffre aujourd'hui l'Europe, son incapacité à compter sur ses propres forces pour répondre aux défis de la planète, notamment ceux qui la concernent au premier chef.

Déficit de paix

Malgré mon optimisme, je pense que nous avons atteint, alors que j'écris ces lignes, un moment crucial, le dernier avant le point de non-retour, qui exige une mobilisation de toutes les énergies pour échapper à l'engrenage fatal. Par le passé, on a souvent utilisé l'expression « l'Europe ou la guerre » pour justifier la construction européenne. Aujourd'hui, nous vivons l'Europe et la guerre, dans un contexte général qui favorise les conflits et les confrontations armées. En tant que président de l'association Leaders pour la paix, je ne peux pas me résoudre à cette fatalité. Et tout l'objet de cet ouvrage est de montrer qu'il existe une voie pour redonner une voix à l'Europe. Ce ne sera pas facile, car les vents contraires sont puissants. En dépit des apparences, les Européens ont une carte à jouer pour sortir de l'ornière et regagner leur place au cœur du système international.

Il sera bien sûr question ici de leadership. Sans timonier, le navire Europe aura du mal à trouver sa route. Il ne s'agit pas de réinventer l'Union européenne, mais de lui insuffler une nouvelle énergie et de répondre aux attentes des Européens eux-mêmes. Pour y parvenir, chacun devra prendre sa part de responsabilité. Ce qui fera appel, d'une certaine manière, à notre courage. Comme disait Confucius : « *Connaître son devoir mais ne rien faire, lâcheté*[1] ». Je cite le philosophe chinois car je suis adepte de cette pensée complexe qui, à l'ère des réseaux sociaux, tend à disparaître. Mais j'aurais tout aussi bien pu reprendre cette belle phrase d'André Malraux, dans *L'Espoir,* pour qui « *le courage est une chose qui s'organise* ». En somme, ce livre n'a pas pour seule ambition de tirer le signal d'alarme. Dans *Chine, le grand paradoxe,* paru il y a trois ans, j'avais déjà souligné nos fragilités et appelé au réveil. Cette fois, les événements nous ont rattrapés et il faut agir.

L'ouvrage que vous tenez entre les mains est un manifeste qui s'adresse à tous les Européens. Son ambition est de saisir les enjeux de la mobilisation et d'apporter une réflexion sur les moyens d'y parvenir afin de pouvoir éteindre l'incendie qui ravage « *notre maison* ».

La nuit européenne menace, mais l'action est encore possible. Il est possible de corriger nos déficits, possible de proposer aux Européens un grand projet, possible pour cela de tisser un nouveau contrat franco-allemand, et aussi possible d'infléchir la trajectoire française en choisissant des priorités bien définies, en évitant les dispersions. Tout cela pourra permettre notre sortie de la tenaille sino-américaine.

1. *Les Entretiens de Confucius*, Les Belles lettres, 2018.

Alors si, et seulement si, notre engagement est suffisamment clair pour tous et fort pour chacun, la paix redeviendra possible.

– I –

La Tenaille

Lorsque les chars russes ont pénétré sur le territoire ukrainien le 24 février 2022, un nouveau chapitre de l'histoire européenne s'est ouvert, mettant fin à une période de plus de soixante-quinze ans sans guerre entre États sur notre continent. L'agression de Moscou a pris les Européens par surprise, car la majorité d'entre eux ne voulait pas croire que Vladimir Poutine mettrait à exécution ses menaces. La sidération s'est emparée du Vieux Continent, comme si nous avions oublié que la guerre pouvait encore répandre le malheur, après des décennies pendant lesquelles, malgré quelques tensions au cours de la guerre froide, la paix avait prévalu.

Violence et guerre sont sœurs jumelles

Pourtant, de nombreux marqueurs auraient dû nous alerter, notamment la nette détérioration du climat politique dans la plupart de nos pays, avec une poussée de violence qui s'est manifestée en France, par exemple, par le mouvement des gilets jaunes. Or la violence et la guerre sont sœurs jumelles. Les états de violence préparent les états de guerre. Au fond, ce qui est arrivé en Ukraine n'est que l'aboutissement d'un processus que nous n'avons pas voulu considérer à sa juste valeur. Au cours des dernières années, nous avons assisté au niveau mondial à une légitimation de la violence, avec des différences d'un pays à l'autre.

Quelques semaines avant le début de la guerre en Ukraine, la Fondation pour l'Innovation politique (Fondapol), dont les études très sérieuses se révèlent toujours pertinentes, a publié le résultat d'une enquête dans laquelle 71 % des personnes interrogées expliquaient que « *les citoyens n'arriveront plus à résoudre leurs désaccords de manière pacifique dans leur pays et auront plus souvent recours à la violence* ». Ce chiffre est effrayant, mais traduit l'insatisfaction des populations et surtout leur défiance. « *On sent bien une sorte d'inquiétude sur la possibilité que ce* XXI*e siècle soit celui de l'effondrement des démocraties, pour des raisons internes, parce que nous* *n'arriverions pas à régler nos différends de manière pacifique. Cette peur-là, elle est très répandue »,* confirme Dominique Reynié, directeur général de Fondapol. Elle est aussi le carburant de la violence, intérieure et extérieure, puisque la pression des populations sur leurs gouvernements incite ces derniers à tenter d'orienter les regards au-delà de leurs frontières. Au cours des dernières années, différents problèmes de voisinage ont ainsi repris de la vigueur, créant de nouveaux et puissants antagonismes. En dehors de l'Ukraine, on peut citer le Yémen, l'Afrique centrale, la Syrie. Tous représentent des défis pour la communauté internationale qui ne parvient plus à s'entendre pour résoudre ces conflits et y mettre un terme.

L'échec de la gouvernance mondiale est de plus en plus patent. Il est le fruit de l'émergence des tensions entre les États-Unis et la Chine. En prenant progressivement leurs distances l'une vis-à-vis de l'autre, les deux premières puissances de la planète ont induit une défiance réciproque de plus en plus profonde, propice à l'éclatement d'un conflit armé. Le professeur Graham T. Allison, dans son livre au titre effrayant, *Vers la guerre*[1], l'explique très bien : *« La plus profonde aspiration de plus d'un milliard de citoyens chinois est de rendre leur pays, non seulement riche, mais aussi très puissant. En fait, ils visent l'avènement*

1. Éditions Odile Jacob, 2019.

d'une Chine si riche et si puissante que les autres pays seront bien obligés de reconnaître ses intérêts, et de lui manifester le respect qu'elle mérite. Mais, pour les Américains, qui ont grandi dans un monde dont les États-Unis occupaient la première place, l'idée que la Chine puisse devenir première économie du monde à la place des États-Unis est impensable. De nombreux Américains se figurent que la prééminence économique est un droit inaliénable, au point qu'elle fait désormais partie de l'identité nationale », assure-t-il dans un entretien au *Figaro* le 3 mai 2019.

Chine-USA : la spirale de la guerre

De part et d'autre, comme j'ai commencé à le décrire dans *Chine, le grand paradoxe,* on a alimenté des peurs que la pandémie mondiale de la Covid-19, originaire de Chine, n'a pas eu de mal à entretenir. Les États-Unis, et plusieurs de leurs alliés, ont pris un malin plaisir à pointer Pékin du doigt, rendant l'empire du Milieu responsable du déclenchement de cette crise sanitaire sans précédent dans l'époque contemporaine. Si les autorités chinoises ont répondu maladroitement aux demandes légitimes de transparence, cela ne justifie pas la manière dont une bonne partie du camp occidental les a tenues pour responsables. Pour les Chinois, être désignés comme source du mal, par ceux qui se réclament du camp du bien, tenait d'un simplisme extrême auquel leur culture ne les a pas habitués. « *La dualité est source de toute souffrance, de toute violence* » est un précepte de Bouddha auquel ils attachent une certaine importance. Ils refusent l'approche manichéenne du monde vers laquelle l'Occident tend plutôt que de chercher à s'adapter à la complexité des situations. François Jullien, dont j'apprécie tant le travail, résume bien la pensée chinoise à cet égard. « *Le mal est l'objet d'un jugement et celui-ci en prononce l'exclusion tandis que le négatif requiert une compréhension et est l'objet d'une intégration. Le mal nuit, le négatif coopère*[1] », rappelle-t-il, soulignant une différence d'approche fondamentale entre nos conceptions du monde.

J'entends déjà ceux qui m'accuseront de nous rabaisser devant la Chine. Bien au contraire, cela ne signifie pas que nous devons renoncer à nos idées. Celles-ci sont le fruit de notre culture et de notre histoire, et elles ont contribué à nous façonner. Toutefois, je ne pense pas qu'elles soient supérieures à celles d'autres civilisations. Le même François Jullien a fait de l'« écart » entre la pensée européenne et la pensée chinoise un de ses concepts phares. Je ne peux qu'y souscrire car « *l'écart ne donne pas à poser une identité de principe*

1. *Du mal/du négatif*, Points, 2006.

ni ne répond à un besoin identitaire ; mais il ouvre, en séparant les cultures et les pensées, un espace de réflexivité entre elles où se déploie la pensée[1] ». Autrement dit, si l'on accepte la différence, on ouvre la porte de la confiance et on favorise le dialogue. Ces deux éléments, confiance et dialogue, ont pratiquement disparu au cours des dernières années entre la Chine et les États-Unis. Jamais, depuis les années 1980, le niveau de défiance vis-à-vis de Pékin n'a été aussi élevé chez les Américains que ces dernières années. Selon le baromètre du Pew Research Center, 82 % des personnes interrogées outre-Atlantique ont une opinion défavorable de la Chine. Elles ne sont que 16 % à penser le contraire. Pour ce qui est des échanges entre gouvernements, ils ont été réduits à leur strict minimum, notamment après la visite à Taïwan de Nancy Pelosi, la présidente de la Chambre des représentants, début août 2022. La décision de Pékin de suspendre la coopération, y compris sur un sujet aussi essentiel que la lutte contre le réchauffement climatique, montre à quel point la relation bilatérale est mal en point.

Néanmoins, la première rencontre entre Joe Biden et Xi Jinping, en marge du sommet du G20, à Bali, en Indonésie, mi-novembre 2022, a permis de renouer le contact au plus haut niveau. Cela a aussi favorisé la relance de

1. *L'Écart et l'Entre*, François Jullien, Éditions Galilée, 2012.

quelques dossiers communs, en particulier celui sur le climat, mais, comme d'autres observateurs, je me demande combien de temps cette phase de détente durera. Le président américain a certes expliqué qu'il ne voulait pas de confrontation avec la Chine, mais il a aussi déclaré à son homologue chinois que « *les États-Unis continueront à concurrencer vigoureusement la République populaire, notamment en investissant dans leurs ressources nationales et en alignant leurs efforts sur ceux de leurs alliés et partenaires dans le monde entier* ». De son côté, le dirigeant chinois n'a pas manqué de dénoncer « *la mentalité de guerre froide, l'hégémonisme, l'unilatéralisme et le protectionnisme* », sans pour autant nommer les États-Unis auxquels il destine habituellement ces critiques. J'accueille cette séquence avec soulagement, mais aussi prudence, car l'enjeu principal de la rivalité sino-américaine demeure : le leadership mondial. En 2019, Kiron Skinner, directrice de la planification des politiques au département d'État, a résumé le problème lors d'un discours prononcé à Washington : « *C'est un combat contre une civilisation vraiment différente et une idéologie différente, comme nous n'en avons jamais connu par le passé.* […] *Pour la première fois, nous sommes en présence d'un concurrent au statut de grande puissance qui n'est pas blanc* », a-t-elle déclaré. Ces propos en disent long sur la nature de l'affrontement qui se dessine entre les deux grandes puissances et expliquent à bien des égards la manière dont les États-Unis ont fait évoluer les relations avec Pékin, entraînant dans leur sillage la plupart de leurs alliés.

L'Amérique, chef de guerre

Lorsque Joe Biden a organisé en décembre 2021 le Sommet pour la démocratie, il a placé le curseur à un niveau qui interdit désormais à ses partenaires de sortir des clous. Donald Trump avait entamé le processus en ravivant le combat contre le communisme, mais ses propres comportements ne lui ont pas donné la possibilité de se poser en parangon des vertus démocratiques. En revanche, le démocrate Biden, lui, en a les moyens. « *Face aux défis soutenus et alarmants posés à la démocratie, aux droits universels de l'homme, partout dans le monde, la démocratie a besoin de champions* », a-t-il expliqué en préambule de cette rencontre internationale où il avait pris soin d'inviter les pays amis pour leur rappeler que « *c'est le défi déterminant de notre époque* ».

Je ne dirai pas le contraire. Les difficultés rencontrées par nos démocraties sont incroyablement nombreuses. Elles sont en grande partie responsables de la situation de violence à laquelle nous sommes confrontés. Toutefois, je crois que la manière dont les Américains usent de cet argument pour s'opposer à la Chine est dangereuse, dans la mesure où ils instrumentalisent une valeur, fragilisée ces dernières années à force d'être considérée comme un élément de marketing diplomatique. Il fut un temps où la défense de cette valeur avait un sens, car il existait une certaine cohérence entre le discours et les actes. Depuis la chute de l'Union soviétique et la victoire de la démocratie libérale incarnée par les États-Unis, nous avons péché par paresse et progressivement laissé le monde être gouverné par un unilatéralisme américain qui, au fond, nous arrangeait. Promus « gendarmes du monde », les États-Unis ont distribué des bons ou des mauvais points aux pays selon leurs intérêts. La « dollarisation » du monde a largement encouragé cette tendance puisque, à tout moment, Washington peut imposer à n'importe quel pays, y compris parmi les plus réticents, de suspendre ses investissements ou son commerce avec un autre. Les exemples sont nombreux, et plusieurs entreprises françaises en ont pâti par le passé. Cela a conduit progressivement à l'affaiblissement des institutions internationales auxquelles on se réfère toujours, sans pourtant croire en leur capacité de défendre la paix. La trahison de la charte de l'Organisation des nations unies (Onu) a favorisé une poussée d'unilatéralisme au détriment du multilatéralisme, dont la crise ukrainienne a montré qu'il était définitivement en panne.

Depuis le début du XXIe siècle, et plus précisément après les événements tragiques du 11 septembre 2001, il est apparu de plus en plus clairement que les États-Unis étaient en mesure de mobiliser une partie de leurs alliés sous la pression de leur opinion publique. Une opinion publique guidée avant tout par l'émotion que le système médiatique copié par le reste de la planète entretenait, et qui a montré sa capacité à enrôler des États dans des combats parfois injustifiés. Faut-il rappeler qu'en février 2003, au moment où j'étais Premier ministre, Dominique de Villepin, alors ministre des Affaires étrangères, avait porté la voix de la France sous la présidence de Jacques Chirac pour s'opposer à l'intervention en Irak dans laquelle Washington voulait entraîner une bonne partie de la planète ? Les États-Unis savent mobiliser l'attention et faire la guerre, le plus souvent chez les autres. Le lobby militaire est un élément important du soft power américain. À ce moment-là, il n'a guère rencontré de résistance, hormis en France et en Allemagne, pour imposer un narratif où il était notamment question d'armes de destruction massive. « *La gravité de ce moment n'a d'égale que la gravité de la menace que les armes de destruction massive de l'Irak font peser sur le monde »,* avait notamment déclaré Colin Powell, alors secrétaire d'État, avant de montrer différents documents qui se révèleraient faux. Mais qu'importe, l'opinion publique américaine, toujours sous le choc des attentats de 2001, était prête à accepter toutes les explications tant qu'elles pouvaient libérer de l'humiliation et du traumatisme. Sur le Vieux Continent, une forme de libre arbitre s'était alors manifestée, dans les rues de Berlin par exemple, où un demi-million de personnes s'étaient rassemblées pour dire non à la guerre. Sans empêcher l'intervention en Irak, la mobilisation des Européens a marqué un moment important. De mon point de vue, ce fut l'un des derniers avant que l'Europe ne perde, sinon son âme, du moins une partie de son indépendance d'esprit dans le domaine des relations internationales.

L'air du temps est belliqueux

Le fait que l'Europe soit elle-même devenue la cible d'attentats terroristes a sans doute favorisé cette évolution puisque, comme de l'autre côté de l'Atlantique, l'émotion entretenue par les chaînes d'information désormais bien implantées deviendra le principal baromètre. *« Les expériences émotionnelles laissent une empreinte profonde dans notre mémoire à long terme*[1] », note Aarron Walter. Elles font appel à nos instincts les plus primaires, assujettissant la réflexion à leur pouvoir d'autant plus fort qu'elles sont stimulées par un flot incessant d'informations. Si l'émotion n'est pas en soi un problème puisqu'elle fait partie de notre ADN d'êtres humains, elle finit par polluer notre jugement parce que sans cesse réveillée par de nouvelles images, vis-à-vis desquelles nous n'avons pas le temps de prendre de la distance. La dictature de l'instant n'est pas non plus sans poser de problèmes, car elle oblige à la réaction immédiate, donc dépourvue de ce recul pourtant indispensable pour effectuer certains choix. Si l'on ajoute que l'opinion publique est de moins en moins éclairée du fait de l'affaiblissement de l'enseignement et de la culture générale, rien n'est plus difficile aujourd'hui pour les politiques que de s'extraire de ce cercle infernal. Ils ont assurément peu de marge de manœuvre, car chaque nouvel événement exige d'eux une réponse instantanée sous peine de se voir disqualifiés.

Cette tendance est d'autant plus préoccupante quand elle peut déboucher sur la violence ou la guerre. Les conflits armés éclatent quand les dirigeants ne peuvent plus résister à leur opinion publique, en particulier quand celle-ci est guidée par la haine et une certaine culture de l'affrontement.

---

1. *Design émotionnel*, Eyrolles, 2011.

Parallèlement à la poussée de violence, on assiste à une baisse de la crédibilité des politiques. C'est un phénomène visible un peu partout dans le monde, notamment dans les démocraties où le dialogue a cédé la place à la confrontation. Sans vouloir absolument jeter l'opprobre sur les médias audiovisuels, il faut bien reconnaître que la plupart des émissions entretiennent cette approche où celui qui parle le plus haut ou le plus simple s'impose face à celui qui développe un discours plus complexe. Si l'on ajoute l'ambiance qui règne sur les réseaux sociaux, en particulier Facebook et Twitter, difficile d'aller contre ce courant. C'est tellement vrai que le contrôle de ces plateformes numériques est devenu un enjeu de première importance. Si j'en crois Strategy Lab, une organisation spécialisée dans le « *marketing de guérilla* » (tout un programme !), « *qu'il s'agisse de la campagne Trump, du Brexit ou de l'influence sur les élections dans les pays du tiers-monde, les médias sociaux sont aujourd'hui utilisés partout dans le monde et de différentes manières. L'une des principales méthodes des organisations comme Cambridge Analytica pour cibler des individus était de définir des groupes de personnes les plus influençables. Ils les ont repérés en visant des personnalités spécifiques sur Facebook. Le ciblage de personnalités à l'aide de Facebook et d'autres plateformes de médias sociaux se fait régulièrement dans le monde entier.* »

Leur importance est telle que les gouvernements s'accusent les uns les autres de manipuler les réseaux sociaux à des fins de déstabilisation. Là encore, ce n'est pas la réflexion qui est stimulée, mais bien l'instinct grégaire qui débouche souvent sur la violence.

Le plus inquiétant à mes yeux, ce sont les réserves de violence qui se constituent un peu partout. Elles ne concernent désormais plus seulement les tensions entre États, sur lesquelles nous reviendrons, mais de nombreux domaines, et justifient pour un nombre croissant de personnes le recours à la guerre. C'est évidemment très dangereux. Nous avons pu constater au cours des deux dernières décennies à quel point la question religieuse était devenue sensible, avec notamment l'utilisation du prosélytisme à des fins terroristes. Même si, au cours de l'Histoire des hommes, la religion n'a pas toujours été source de paix, elle n'apparaissait plus depuis longtemps comme cause de confrontations jusqu'à ce qu'elle soit de nouveau instrumentalisée pour justifier diverses revendications et actions. Je ne vais pas dresser ici la liste des drames qui ont endeuillé le monde au nom de la religion, mais elle est suffisamment longue pour qu'on considère cette influence comme redoutable. Là encore, nous sommes confrontés à la disparition du dialogue, qui constitue portant le fondement de la pratique religieuse. Les grands représentants de chacune des religions réclament régulièrement qu'on y fasse appel, mais force est de constater que dans l'opinion publique, le message est de moins en moins entendu. L'appauvrissement culturel des masses n'est sans doute pas étranger à ce phénomène où l'on prend pour argent comptant les propos de quelque prédicateur mal intentionné plus prompt à semer la zizanie qu'à chercher l'établissement de la concorde. En France, où l'on prône la laïcité, on a vu se développer des crispations identitaires et des positions plus rigides autour de la religion après avoir connu une phase rapide de « décatholisation » à partir de la fin des années 1970. On a assisté, ces dernières années, à un retour de la religion, qui s'est accompagné de l'accroissement de sa place dans la société. C'est un paradoxe dans notre pays et cela traduit assurément une certaine fragilité de la confiance en l'avenir, celui-ci dépendant en bonne partie de la politique. Par ailleurs, le réveil religieux, si l'on peut le qualifier ainsi, ne se déroule pas dans la sérénité. Au contraire, il donne lieu à des tensions liées, la plupart du temps, à des réflexes identitaires qui conduisent les uns et les autres à s'engager dans la confrontation. Nous sommes heureusement loin des guerres de religion qui ont ensanglanté notre continent il y a plusieurs siècles, mais il est clair que, pour m'inspirer de la célèbre formule attribuée à André Malraux (dont il a contesté par la suite la paternité), le XXIe siècle est religieux. À ce titre, il est indispensable de s'assurer de ne pas faire un grand bond en arrière, au risque de retomber dans des situations où seule la force servira à exprimer son appartenance à un culte.

La religion n'est pas le seul foyer de violence préoccupant dans nos sociétés. Comme l'a lui-même reconnu, en juin 2021, le président Macron, « *nous vivons dans un contexte qui a accru les tensions, l'inquiétude, l'angoisse. On sait que la solitude a créé chez certains de nos compatriotes, qui avaient déjà des faiblesses de ce côté-là, des moments de décompensation.* » Il est vrai que tous les voyants sont au rouge. Il se peut que l'attention portée à certains phénomènes, comme les violences faites aux femmes, auxquels on s'intéressait moins par le passé, contribue à renforcer le sentiment d'un accroissement de la violence. Si l'on peut nuancer les choses, notamment en raison de la tendance de certains médias audiovisuels à faire des faits divers leur fonds de commerce et ainsi à entretenir une atmosphère de peur, il ne faut pas pour autant fermer les yeux et botter en touche en affirmant que « *tout va bien madame la marquise* ». Bien des indicateurs nous montrent que l'inquiétude favorise l'émergence de comportements violents. Julien Freund a tenté d'expliquer ce qui pouvait mener à cette situation. Je crois que le philosophe a raison de rappeler qu'en « *perdant le sens de leur identité, les individus perdent aussi le sens de l'affectivité qui, plus que l'intelligence, est le principal régulateur des relations entre les hommes. Par son essence même, l'affectivité respecte les particularités, à la différence de l'intellect rationalisé qui égalise et tend à supprimer les différences. La perte du sens de l'affectivité entraîne une perturbation par frustration qui essaie de combler le vide par le refus ostentatoire de toute affectivité, propre précisément à la violence. En second lieu, nous assistons à l'émergence d'une violence sans conflits, ce qui veut dire sans raisons, indépendamment de toute passion, de toute révolte et même de toute provocation. Il s'agit de ce que je voudrais appeler "la violence trahie par elle-même", puisqu'elle n'est plus fondatrice de rien.*[1] »

Cette définition me semble assez bien coller à la réalité actuelle. La pandémie de la Covid-19 et la gestion qui en a été faite dans la plupart des pays ont fortement contribué à ancrer la frustration d'une bonne partie des populations et en même temps à accentuer l'idée que le recours à des actes violents permet d'exister au regard des autres. Elle a mis clairement en évidence les difficultés que nous avions à communiquer, à dialoguer. Encore une fois, c'est

1. « La violence dans ses rapports avec la ville et les communautés », dans M. Maffesoli et A. Bruston (dir.), *Violence et transgression*, Anthropos, 1979.

un paradoxe dans nos sociétés ultra connectées. Tous ces outils numériques servent plus à nous afficher qu'à dialoguer, et cela alimente au fond toutes les frustrations auxquelles personne ne semble attacher d'importance, sauf ceux qui partagent la même vision. Au lieu de chercher à initier un échange, nous avons tendance à nous enfermer dans des espaces numériques où l'on ressasse les mêmes discours. D'où découle l'intolérance, cousine germaine de la violence. Voilà un phénomène qui a le vent en poupe et qui s'exprime de plus en plus fort dans nos sociétés. La poussée du *wokisme,* ces dernières années, en est la meilleure illustration. Apparu à l'origine pour dénoncer les violences et les discriminations subies par les Noirs américains, combat légitime bien sûr, ce mouvement a dérivé vers un courant idéologique qui finit par freiner toutes les luttes contre les discriminations et ne sert qu'à produire de l'individualisme et du particularisme. Au fond, il est parfaitement adapté à l'absence de dialogue puisqu'il est à rebours du modèle républicain qui se caractérise avant tout par l'aspiration au commun et l'acceptation du fait majoritaire. Comme l'explique avec pertinence Joachim Le Floch-Imad, directeur de la Fondation Res Publica, dans les colonnes du *Figaro,* « *la logique communautariste, la hargne et la passion du ressentiment aggravent cette course au contentieux. Chaque groupe minoritaire ne raisonne plus qu'en termes de créances, au détriment des notions républicaines d'intérêt général et de devoir*[1]. » Même si cette idéologie trouve ses fondements dans la pensée française, elle est une importation directe des États-Unis où les textes de référence ont été « *commentés, décontextualisés et, bien souvent, simplifiés* », confirme-t-il. Sans vouloir accabler nos amis américains, une nouvelle fois, leur inclination à la simplification n'est pas sans conséquences pour les autres. « *Tel un boomerang, la déconstruction est ensuite revenue transformée en France* », regrette Joachim Le Floch-Imad. Et pas qu'en France. Toutes les sociétés occidentales sont touchées par ce phénomène où « *la démocratie n'est ainsi plus envisagée comme un théâtre où se confronteraient, à la lumière de la raison naturelle, des points de vue différents. Elle est une guerre entre oppresseurs et victimes, progressistes et réactionnaires, partisans de la diversité et thuriféraires de l'entre-soi.* »

Il n'y a rien de plus alarmant à mes yeux, car cela justifie l'usage de la violence au sein même des sociétés. Et qui dit violence à l'intérieur dit acceptation de la guerre à l'extérieur. La place prise par le *wokisme* en France et dans les autres

---

1. « Avec le wokisme, chaque minorité ne raisonne plus qu'en termes de créances, au détriment des notions d'intérêt général et de devoir », Eugénie Biolait, *Le Figaro*, 25 août 2022.

pays de la sphère occidentale est inquiétante pour ce qu'il véhicule comme rancœur et frustrations, mais aussi et peut-être surtout pour ce qu'il dit de l'influence des États-Unis, en particulier sur la société française. Même le Japon a connu des manifestations Black Lives Matter ! Pendant longtemps, malgré l'attrait de l'*American way of life*, la France a cherché à limiter l'impact culturel des États-Unis. Cela lui a permis de défendre des positions sur bien des sujets tout en entretenant des rapports d'amitié avec cette Amérique que nous avons aidée lors de son indépendance et qui nous a défendus lors des deux principaux conflits du XXe siècle. Toutefois, cette nouvelle frontière que j'ai pu aimer dans ma jeunesse, celle que Jean-Pierre Melville considérait comme *« nos Indes »*, parce qu'elle nous faisait rêver, n'existe plus. Je me souviens d'un entretien de Philippe Labro, il y a une dizaine d'années déjà, dans lequel ce spécialiste de *l'homo americanus* dressait le même constat. *« Je suis frappé par le changement, qui est gigantesque. L'unité du pays est moins apparente. Il y a le bloc asiatique, le bloc noir, le bloc latino, au détriment du melting-pot. Ensuite, la dérive du Parti républicain, devenu un parti extrémiste, est effrayante. Les responsables politiques, me semble-t-il, étaient de meilleure qualité, autrefois*[1] », racontait-il alors. Voilà ce que nous avons importé en France, une logique de blocs et d'affrontements dont on commence à mesurer l'influence néfaste sur le fonctionnement de la société. Récompenser les gens en fonction de leur identité et faire taire les opinions dissidentes est la recette parfaite pour provoquer un déclin institutionnel et étouffer l'innovation à tous les niveaux. L'accent mis sur la polarisation, comme aux États-Unis, représente un risque supplémentaire de dislocation de notre démocratie, dont on sait la fragilité. Je m'inquiète de la facilité avec laquelle toutes ces idées américaines font leur lit dans nos têtes sans rencontrer de véritables résistances. Les voix qui expriment un certain scepticisme sont souvent accusées d'appartenir aux courants les plus réactionnaires et vouées aux gémonies. En écrivant ces quelques lignes, j'ai conscience qu'elles me vaudront sans doute de virulentes critiques, moi qui ai toujours milité pour la défense de la diversité. Ce que je refuse, c'est justement de voir la diversité sacrifiée au nom d'intérêts particuliers qui ne se projettent qu'en regard des uns et des autres sans chercher à créer les conditions d'une entente ou d'un compromis.

---

1. « Mon Amérique n'existe plus », Philippe Labro, *Le Nouvel Observateur* du 16 octobre 2012.

Au diapason de l'Amérique

En se mettant ainsi au diapason de la société américaine, les Européens perdent peu à peu leur autonomie, au niveau des idées, voire leur indépendance en termes politiques. On se souvient que fin 2021, la Commission européenne a publié un guide interne *« pour une communication inclusive »* dans lequel avait été listés des termes à *« éviter »* pour ne froisser personne. Face aux inquiétudes suscitées par son initiatrice, la commissaire européenne à l'Égalité, Helena Dalli, les responsables européens ont fait marche arrière, mais cet épisode montre jusqu'à quel niveau le *wokisme* est monté sur notre continent. Si cela devait se limiter à l'usage, ou plutôt au non-usage, de certains mots pour éviter les stigmatisations, cela pourrait être acceptable. Le problème est que cela prend des proportions qui dépassent la simple adoption d'une « tendance » américaine. Il s'agit d'une véritable épidémie qui s'en prend à tout et souligne combien nous sommes devenus perméables à des concepts dont on ne mesure pas la nuisance. Là encore, il faut nous montrer extrêmement vigilants, car nous sommes progressivement happés par ce mode de pensée qui finit par influencer jusqu'à notre gestuelle. Il y a des détails qui valent un long discours. Voir

Emmanuel Macron et de nombreux Français chanter *La Marseillaise* la main sur le cœur n'est pas une chose anodine. Je ne dis pas qu'il faut totalement rejeter ce qui vient des États-Unis d'autant que j'ai moi-même soutenu un homme, Valéry Giscard d'Estaing, qui s'est inspiré de certaines méthodes américaines, mais il s'agit de ne pas faire preuve de mimétisme. Que l'on en vienne à reprendre certains de ses codes indique le poids pris par l'Amérique dans nos têtes. Nous n'avons par exemple jamais vu un président français, je pense à François Mitterrand, adopter le « baiser fraternel socialiste ». Il a toujours veillé à avoir des gestes solennels. Rien dans son attitude ne donnait l'impression d'être tout droit tiré d'une série ou d'un film américain.

J'insiste sur ces divers points parce qu'ils traduisent à mon sens une évolution dangereuse de notre Europe qui, après une parenthèse de près de trois décennies au cours de laquelle on a cru à l'émergence d'un modèle européen, bascule dans une américanisation marquée. Celle-ci semble désormais en mesure de venir à bout des dernières résistances. La tâche est d'autant plus facile pour les États-Unis qu'ils construisent leur discours sur l'affrontement avec la Chine qui apparaît, aux yeux de la plupart des Européens, comme une menace, du fait de son éloignement, de ses différences culturelles et de ses pratiques politiques. Pendant la guerre froide, du temps où l'Amérique se dressait contre l'Union soviétique, certains Européens manifestaient des réticences vis-à-vis de Washington dans la mesure où Moscou appartenait au Vieux Continent. L'attitude de la France a été la meilleure illustration de cette défiance, avec un général de Gaulle bien décidé à ne pas couper les ponts avec l'URSS. Son choix de retirer la France du dispositif militaire intégré de l'Otan en 1966 fut assurément l'expression de son refus de tomber sous la coupe américaine, comme il l'avait laissé entendre peu de temps auparavant en déclarant dans une allocution télévisée le 27 avril 1965 : « *Si grand que soit le verre que l'on nous tend du dehors, nous préférons boire dans le nôtre, tout en trinquant aux alentours.* » Il semble que nous ayons oublié ces paroles, tout comme nous avons succombé à l'offensive de charme et aux diverses pressions des États-Unis pour nous mettre à leur diapason. Si je peux m'enorgueillir d'avoir été Premier ministre de Jacques Chirac, le dernier président français à avoir clairement manifesté une volonté d'indépendance de la France, je dois reconnaître que ses successeurs ont peu à peu déclassé cette priorité. Les multiples crises et l'essoufflement du modèle européen expliquent en partie cette évolution. D'une certaine façon, le Brexit, en 2016, en est l'illustration la plus absolue, même si l'on a toujours dit que les Britanniques étaient plus attirés par l'autre rive de l'Atlantique. Quoi qu'il en soit, les Européens ont laissé aux Américains le soin de façonner l'Europe à leur guise. Ils ont largement contribué à isoler la Russie du reste du continent. Comme l'a reconnu Hubert Védrine, *« on n'a pas été assez inclusifs et assez intelligents stratégiquement au début, et pas assez dissuasifs depuis une quinzaine d'années*[1] ». Il regrette à juste titre l'isolement des Russes qui, sous la présidence de Boris Eltsine, s'étaient pourtant montrés ouverts et intéressés par un partenariat avec l'Occident. Mais en refusant d'y répondre positivement, les Occidentaux, sous l'influence de Washington, ont favorisé la poussée d'un nationalisme russe incarné aujourd'hui par Vladimir Poutine. Ce dernier a toujours dit qu'il n'accepterait jamais l'élargissement de l'alliance Atlantique, ni le fait que l'Ukraine, sans appartenir à l'Otan, soit déjà traitée comme un pays du système militaire occidental. Si cela ne justifie en rien l'agression de l'Ukraine par la Russie, il faut reconnaître que l'attitude américaine l'a favorisée. Les Européens se sont laissé endormir au point que la majorité d'entre eux, contrairement aux Américains, n'ont

1. Hubert Védrine : « Il faut s'adapter à un monde dans lequel l'Occident n'a plus le monopole de la puissance », RTS Info, La Matinale du 24 octobre 2022.

pas cru à une intervention russe. « *C'est un monde de bisounours, des bisounours dans Jurassic Park. Les Européens sont à peu près les seuls au monde à avoir pensé que la guerre, c'était terminé*[1] », ironise l'ancien ministre des Affaires étrangères français.

La fracture ukrainienne

Le 24 février a marqué un réveil brutal pour l'Europe. Révélant de manière criante la faiblesse de notre force de dissuasion, le passage à l'acte du président russe a surtout souligné le rôle indispensable de Washington comme garant de notre sécurité. Cela a fait brutalement prendre conscience à ses alliés de l'Otan qu'ils ne peuvent se protéger que sous le parapluie américain. L'Union européenne, malgré tous ses projets et toutes ses ambitions, n'a pas réussi à atteindre sa propre autonomie stratégique. D'autres institutions – les Nations unies et l'Organisation pour la sécurité et la coopération en Europe – n'ont pas non plus réussi à réagir de manière adéquate à l'invasion russe en Ukraine. Et dans les premières semaines, ce sont les États-Unis qui se sont le plus engagés à soutenir militairement les Ukrainiens. Les Européens ne prenant le relais que plus tard. Le pays le plus entreprenant

1. « L'Europe est une sorte de paradis pour Bisounours, mais le monde, c'est Jurassic Park », *Le Point* du 23 juin 2020.

étant, et ce n'est pas, au fond, une surprise, le Royaume-Uni, désormais premier soutien de la politique américaine sur le Vieux Continent et ailleurs dans le monde.

« *America is back* » avait annoncé Joe Biden à son arrivée à la Maison-Blanche. Les premiers mois de son mandat avaient été marqués par quelques difficultés, en particulier le retrait précipité d'Afghanistan, mais il faut reconnaître que l'Amérique est bien là et que son « retour » se fait avec pertes et fracas pour l'Europe. Qui découvre son extrême dépendance vis-à-vis des États-Unis sur le plan de la sécurité comme à l'égard de la Chine au niveau industriel au moment de la pandémie de la Covid-19 en 2020. Interrogé sur son slogan à l'issue du sommet de l'Otan, le 30 juin 2022, le président américain a fait preuve d'une autosatisfaction qui en dit long sur son succès. *« Je n'ai vu personne venir me dire autre chose que "Merci pour le leadership de l'Amérique. Vous avez changé la dynamique de l'Otan et du G7" »*, a-t-il déclaré alors que le journaliste exprimait quelques réserves sur l'état de l'Amérique elle-même. Il est vrai que le déroulement de la dernière élection présidentielle américaine, surtout le comportement de Donald Trump et de ses partisans, a fait craindre le pire, mais la démocratie américaine, même mal en point, a montré une vigueur que l'Europe a de plus en plus de mal à afficher.

En 2018, lors du sommet du G7 qui s'était déroulé au Canada, on avait assisté à une sorte de rébellion des alliés des États-Unis face à un Donald Trump tenté par le repli sur soi et la déconstruction de l'unité occidentale. À l'époque, je m'étais demandé si les Européens n'auraient pas intérêt à prendre date et s'organiser pour (re) lancer la réflexion autour de la construction d'une Europe de la défense. Au lieu de cela, nous nous sommes comportés comme des enfants gâtés, réclamant à Washington davantage qu'il voulait donner. À ce moment-là, Trump considère l'organisation Atlantique comme aussi nocive que l'Alena, le traité de libre-échange nord-américain, dont il ne veut plus. Il le confirme lors du sommet de l'Otan à Bruxelles, en juillet. Un diplomate américain note alors que « *le président américain a renforcé certaines des pires craintes des Européens, qui pensent qu'il adoptera une approche purement transactionnelle* » lors de leur rencontre. Cela signifie qu'en Europe, on a d'ores et déjà renoncé à se détacher de l'Amérique. Aussi, à partir du moment où Donald Trump va changer d'attitude et réclamer un alignement plus clair des Européens, notamment sur la Chine, on sera comme soulagés. L'élection de Joe Biden confirmera cette attente, car le dossier chinois est l'un des rares sur lesquels républicains et démocrates s'entendent aux États-Unis.

Le nouveau président aurait pu profiter de l'occasion pour les encourager à développer la fameuse « autonomie stratégique » très en vogue dans certains cercles européens. D'abord utilisée en France, l'expression a fait son apparition dans la « Stratégie globale pour la politique étrangère et de sécurité de l'Union Européenne », document publié par Bruxelles en 2016, qui évoque pour la première fois le concept, sans en définir le contenu ni les implications. Il est intéressant de noter qu'en parallèle, le terme « souveraineté » deviendra un autre leitmotiv pour les Européens qui le mettront à toutes les sauces. Toutefois, pour ce qui est de l'autonomie stratégique, il y a eu, dès le début, un problème de mise en œuvre. Dans un article publié au début de l'été 2022, The Brookings Institution résume assez bien la situation. *« L'Europe a voulu l'autonomie sans fournir les ressources de défense adéquates, tandis que les États-Unis ont voulu une plus grande contribution de l'Europe à la défense sans diminuer l'Otan et l'influence politique des États-Unis »*, peut-on y lire. Acte manqué ou volonté de part et d'autre d'accepter la situation telle qu'elle s'est établie au fil des ans. De son côté, l'administration Biden a choisi de renforcer la dépendance européenne vis-à-vis de l'Oncle Sam car, à court et moyen terme, cela sert les intérêts directs des États-Unis.

Alors qu'Emmanuel Macron avait jugé l'Otan en état de « *mort cérébrale* » en décembre 2021, l'organisation a montré sa vitalité quelques semaines plus tard sous l'impulsion des Américains. Elle a accueilli deux nouveaux membres, la Suède et la Finlande, développement sur lequel même les plus optimistes n'auraient pas parié. Et surtout, elle a vu sa cote de popularité grimper en flèche. Une étude réalisée en juin 2022, peu de temps avant le sommet de l'Otan, à Madrid, révèle que 71 % des personnes interrogées dans les pays de l'alliance estiment que celle-ci « *est importante pour l'avenir de la sécurité de leur pays* ». Le pourcentage fluctue bien sûr selon les États et leur proximité avec la Russie, mais, même dans un pays comme la France, qui possède pourtant l'arme nucléaire, 68 % des citoyens comptent sur l'Otan pour leur défense à venir. Ce sondage est assez révélateur de l'état d'esprit en vogue chez les Européens qui, à travers une enquête publiée par The German Marshall Fund et la Bertelsmann Foundation, en septembre 2022, considèrent à 57 % que les États-Unis ont « *une influence positive* » dans les affaires mondiales. Les auteurs du rapport mettent en avant le fait que la France, et ce n'est pas un exemple anodin, est le seul exemple significatif où « *une nette majorité des personnes interrogées âgées de moins de 25 ans (57 %) considèrent l'influence des États-Unis plus positivement que les répondants les plus âgés (48 %)* ». Ce dernier résultat ne me heurte pas, car j'ai moi-même une certaine amitié pour les Américains. Toutefois, il fut un temps où l'attachement pour l'Amérique et sa culture ne rimait pas avec un regard aussi positif sur son rôle dans le monde. Il existait une certaine distance qui semble avoir aujourd'hui disparu. Autrement dit, les États-Unis profitent d'un alignement des planètes qui leur permet d'accroître leur influence, voire de dicter leurs exigences. Quand la guerre menace, les Européens se tournent vers l'Ouest. La guerre en Ukraine a fracturé le projet de défense européenne.

L'énergie de la discorde

La guerre en Ukraine représente un tournant dans les rapports entre Washington et l'Europe dans la mesure où elle a mis en évidence la réelle faiblesse des Européens sur le plan sécuritaire, mais aussi énergétique, face à des Américains beaucoup mieux « armés » dans les deux secteurs. Nous avons vu qu'au niveau militaire, ils ont revitalisé l'Otan et pris la direction des affaires. D'après Christoph Trebesch, à la tête de l'Ukraine Support Tracker mis en place par le Kiel Institute for the World Economy, en Allemagne, « *les États-Unis s'engagent désormais à verser près de deux fois plus que tous les pays et institutions de l'UE réunis.*

C'est une maigre performance pour les grands pays européens, d'autant plus que nombre de leurs engagements arrivent en Ukraine avec beaucoup de retard. Le faible volume des nouveaux engagements de l'été 2022 semble maintenant se poursuivre de manière systématique. » Les Britanniques font même mieux que les institutions et les principaux États européens pour soutenir militairement Kiev, ce qui souligne davantage notre dépendance à l'égard des États-Unis. Ils ont donc encore moins de scrupules à nous sermonner et à orienter nos choix dans un domaine aussi stratégique que l'énergie. On ne peut pas nier une certaine naïveté européenne à ce niveau, puisque nous avons bâti une partie de notre politique énergétique sur l'idée que nous pouvions compter sur les approvisionnements en gaz russe pour beaucoup de nos besoins, et sur celle que les principes du marché libre régiraient le prix et la distribution de l'énergie – ce qui n'est bien sûr pas le cas.

Tous les pays ne sont pas logés à la même enseigne. La France, malgré un secteur nucléaire fragilisé, est bien mieux lotie que l'Allemagne, qui subit de plein fouet les conséquences énergétiques du conflit en Ukraine. Pour la plus grande économie du continent, il s'agit plus que d'une simple crise économique, c'est une crise existentielle. Autrefois considérée comme le moteur économique de l'Europe, l'Allemagne est aujourd'hui qualifiée de « maillon faible ». Elle paie le prix des sanctions occidentales, qui ont fait grimper en flèche le prix du gaz et d'autres matières premières, et déstabilisé davantage les chaînes d'approvisionnement déjà affaiblies par la pandémie. Sous le poids de la flambée des prix de l'énergie, près d'une entreprise industrielle sur six en Allemagne réduit ou abandonne sa production. Bref, c'est une situation inédite depuis la fin de la Seconde Guerre mondiale pour notre voisin qui doit entièrement réviser sa politique énergétique et s'aligner sur les positions américaines. Les États-Unis ont dénoncé depuis longtemps les choix allemands. *« L'Allemagne est totalement contrôlée par la Russie, car elle obtient 60 à 70 % de son énergie de la Russie et d'un nouveau pipeline »*, a regretté Donald Trump, en juillet 2018. Washington le reprochait vigoureusement à Berlin. *« Nous protégeons l'Allemagne, nous protégeons la France, nous protégeons tous ces pays. Et ensuite, certains d'entre eux passent un accord de pipeline avec la Russie à qui ils versent des milliards de dollars dans ses coffres »*, avait ajouté le président d'alors. Cette situation inacceptable pour les Américains ne pouvait pas perdurer. Joe Biden, qui s'était, dans un premier temps, montré accommodant avec l'Allemagne sur Nord Stream 2, a dû changer sa politique sous la pression des républicains et de son propre camp. Chacun argumentant que cela permettait à Moscou d'accroître son influence en Europe. Lorsqu'il rencontre le chancelier Olaf Scholz à la Maison-Blanche, début février 2022, il lui promet : *« Nous y mettrons fin. »*

Il semble bien qu'à ce moment-là, les Allemands ont compris le message. Ils se sont fixé l'objectif ambitieux de réduire de moitié leurs importations de pétrole et de charbon russes en 2022 et de se libérer de leur dépendance à l'égard du gaz naturel russe d'ici au milieu de l'année 2024. Le vice-chancelier allemand, Robert Habeck, s'est empressé de déclarer que son pays se détournait de l'énergie russe à un *« rythme fou »*. L'objectif a même été atteint en septembre 2022 puisque, selon le rapport sur l'approvisionnement énergétique de l'Allemagne publié en décembre 2022, le pays qui importait encore 36,8 % de son gaz de Russie en février, n'en achetait plus en septembre.

Par ailleurs, Joe Biden cherche à encourager les autres pays européens à prendre des mesures similaires, en proposant les États-Unis comme fournisseur d'énergie. Fin mars, il met sur la table de la Commission européenne, à Bruxelles, un plan ambitieux selon lequel les États-Unis enverront 15 milliards de mètres cubes supplémentaires de gaz naturel liquéfié en Europe en 2022, soit environ 10 à 12 % des exportations annuelles globales des États-Unis. Le président entend que son pays accroisse ses approvisionnements de 50 milliards de mètres cubes par an d'ici 2030. Bien que, sur le plan pratique, il reste beaucoup de travail à accomplir pour atteindre ces objectifs, ces annonces traduisent un renversement de tendance totalement en faveur des États-Unis. Les exportateurs de gaz américains avaient déjà déplacé leurs ventes de l'Asie vers l'Europe au cours des derniers mois, en grande partie parce que les prix en Europe étaient plus élevés que presque partout ailleurs en raison des tensions croissantes avec la Russie puis de la guerre en Ukraine. Près de 75 % des exportations américaines de GPL sont parties pour l'Europe en 2022, contre 34 % en 2021. L'administration Biden a encouragé ce changement en assouplissant les restrictions à l'exportation vers certains pays européens. Rien d'étonnant dans ces conditions qu'Ursula von der Leyen, la présidente de la Commission européenne, applaudisse des deux mains. « *Nous voulons, en tant qu'Européens, nous diversifier en nous éloignant de la Russie, vers des fournisseurs en qui nous avons confiance, qui sont des amis et qui sont fiables. Par conséquent, l'engagement des États-Unis à fournir à l'Union européenne au moins 15 milliards de mètres cubes supplémentaires de GPL cette année est un grand pas dans cette direction, car cela remplacera l'approvisionnement que nous recevons de la Russie »*, a-t-elle déclaré après l'offre du président américain lors d'une conférence de presse donnée à Bruxelles le 25 mars 2022.

Je n'ai rien contre la diversification de nos sources d'approvisionnement, puisque la crise ukrainienne a mis en lumière notre fragilité, mais je reste prudent sur les réelles intentions américaines à notre égard en matière d'énergie. Dans le contexte de crise actuelle, le soutien de Washington ne peut souffrir de critiques dans la mesure où il n'est pas convenable de « mordre la main qui vous nourrit ». Pourtant, il me semble nécessaire de prendre un peu de recul et de nuancer son engagement en la matière. Comme l'a défendu John F. Kennedy, *« chaque nation détermine ses politiques en fonction de ses propres intérêts »*. Les États-Unis ne sont pas les derniers à veiller aux leurs, en particulier quand il s'agit de secteurs aussi fondamentaux que l'énergie. Ils sont prêts à user de leur poids pour changer le cours des choses. L'ancien directeur de l'Agence allemande de l'énergie, Stephan Kohler, s'en est ému, en 2017, lorsque le Congrès américain a adopté la loi CAATSA (Countering America's Adversaries Through Sanctions Act, littéralement « Loi pour lutter contre les adversaires de l'Amérique par des sanctions »), qui autorisait le président américain à imposer des sanctions aux entreprises impliquées dans la construction de pipelines d'exportation d'énergie russes. Il a souligné que les États-Unis avaient ouvertement fait valoir que l'objectif de cette loi était de créer de meilleures opportunités de marché pour leur GPL. Au-delà de la question de vendre leur gaz liquéfié dont ils sont devenus exportateurs nets en 2017 (!), les Américains exprimaient ainsi une profonde crainte, celle de voir naître une Europe de l'Atlantique à l'Oural, comme l'avait définie le général de Gaulle. « *La Russie ne menace pas la position mondiale de l'Amérique, mais la simple possibilité qu'elle collabore avec l'Europe et en particulier l'Allemagne représente le danger le plus importante de la décennie, un risque à long terme qui doit être étouffé dans l'œuf* », écrivait déjà en 2010 George Friedman, fondateur de Geopolitical Futures, avant d'ajouter : « *Le maintien d'un puissant clivage entre l'Allemagne et la Russie est d'un intérêt primordial pour les États-Unis*[1]. »

Ne voyez pas derrière ces quelques lignes une quelconque théorie du complot. Ce que je souhaite mettre en évidence, c'est que les Européens doivent avant tout compter sur leurs propres forces et ne pas se laisser bercer d'illusions par les engagements de nos amis américains, qui n'œuvrent pas seulement par bonté d'âme. Lorsque Anthony Blinken, le

---

1. *The Next Decade : where we've been and where we're going*, Doubleday, New York, 2010.

30 septembre 2022, à Washington, lors d'une conférence de presse avec la ministre canadienne des Affaires étrangères Mélanie Joly, se félicite que les États-Unis sont « *maintenant le principal fournisseur de GPL à l'Europe* », je me dis que Washington a bien mené sa barque. Et quand il ajoute que c'est « *une formidable opportunité de supprimer une fois pour toutes la dépendance à l'égard de l'énergie russe et donc de priver Vladimir Poutine de la possibilité d'utiliser l'énergie comme arme pour faire avancer ses projets impériaux* », je comprends qu'il est évidemment difficile de prendre un peu de distance avec un tel discours. Une fois de plus, Washington est dans son rôle de sauveur, à l'image de la cavalerie qui arrivait toujours au bon moment pour chasser les Indiens menaçants dans les westerns hollywoodiens. Cela me rappelle aussi cette réplique de John Wayne dans *Big Jake* (1971), où il finit par dire : « *Eh bien, fiston, puisque tu n'as pas appris à respecter tes aînés, il est temps que tu apprennes à respecter tes supérieurs.* »

Le doute sur l'unité de l'Union

Voilà où l'Europe en est arrivée. Elle s'est beaucoup affaiblie au cours des quinze dernières années et se trouve désormais dans l'obligation d'adopter la ligne de conduite définie par ses

« supérieurs », les États-Unis en premier lieu. Depuis 2008, la part de l'Union européenne dans l'économie mondiale a diminué. Si les États-Unis se sont remis relativement rapidement de la crise, les économies européennes ont eu plus de mal. Certaines d'entre elles ont mis des années à retrouver leur niveau d'avant la crise. Pendant ce temps, les économies asiatiques poursuivaient leur croissance à un rythme effréné, sous l'impulsion de la locomotive chinoise. Entre 2009 et 2020, le taux de croissance annuel du PIB de l'UE n'a atteint que 0,48 % en moyenne, selon la Banque mondiale. Sur la même période, le taux de croissance des États-Unis était presque trois fois plus élevé, avec une moyenne de 1,38 % par an, et celui de la Chine de 7,36 %. Le résultat net est celui-ci : alors que la part de l'UE dans le PIB mondial était plus importante que celles des États-Unis et de la Chine en 2009, elle est désormais la plus faible des trois. En 2005 encore, l'UE représentait jusqu'à 20 % du PIB mondial. Elle n'en représentera plus que la moitié au début des années 2030 si l'économie de l'UE se contracte de 3 % en 2023 et 2024 pour retrouver ensuite son rythme tranquille d'avant la pandémie de 0,5 % par an, tandis que le reste du monde enregistre une croissance moyenne de 3 %. L'Europe est au bord d'une crise de stagflation. Contrairement aux États-Unis, où le chômage est proche de son niveau le plus bas, le taux de chômage moyen de l'UE a dépassé 6 % en 2022. Alors qu'il n'a été que de 2,8 % en Allemagne, il a dépassé 7 % en France, 8 % en Italie et 12 % en Espagne. Sous la pression de la hausse des prix de l'énergie, l'inflation dans l'UE, qui dépasse les 9 %, est désormais supérieure à celle des États-Unis. Cette crise fait écho à celle de stagflation des années 1970, qui a commencé par une réponse à un conflit de politique étrangère faisant augmenter les prix de l'énergie, puis s'est transformée en une crise économique générale mal gérée par les banquiers centraux. Dans ce cas, les pays de l'Opep, furieux de l'aide militaire apportée par l'Occident à Israël, avaient quadruplé le prix du pétrole. Paniquant face à l'inflation, la Réserve fédérale avait aggravé la crise en augmentant les taux d'intérêt à court terme à plus de 20 %, créant ainsi délibérément une récession. Dans la crise actuelle, liée au gaz russe et à son usage par Moscou, la Réserve fédérale américaine et la Banque centrale européenne se livrent à une sorte de duel pour relever les taux d'intérêt. Les hausses de taux américaines ont poussé le dollar à de nouveaux sommets par rapport à l'euro.

Plus encore que chez nos amis américains, l'inflation en Europe est la conséquence d'une crise de l'offre. Les banquiers centraux des deux côtés de l'Atlantique devraient mieux s'en occuper. Le risque est que le choc énergétique vécu par l'Europe l'entraîne avec les États-Unis dans la récession. Et dans cette perspective, les Américains sont sans doute mieux armés que nous pour en sortir renforcés. Les Européens sont bien sûr plus enclins à intervenir pour « limiter la casse », mais cette politique d'amortissement, à l'instar de celle qui a été menée pendant la pandémie, s'organise au prix d'un endettement massif qui n'annonce rien de bon. La dernière grande crise financière à laquelle l'UE a été confrontée devrait nous alerter. À l'issue de celle de 2008, la zone euro a failli s'effondrer. Avec ses membres du Sud qui ont dû être renfloués par ceux du Nord, ces derniers liant des politiques d'austérité forcée au renflouement et déclenchant un conflit interne à l'Union qui a entravé la coopération européenne pendant plusieurs années. Les membres qui ont bénéficié des renflouements, tels que la Grèce, le Portugal et l'Espagne, continuent d'avoir une des dettes les plus élevées en pourcentage du PIB parmi les membres de l'UE, ce qui les place dans une position économique particulièrement précaire. Une répétition de la crise de la dette souveraine européenne mettrait encore plus à mal ces économies et leurs relations avec les membres plus riches de l'UE, comme l'Allemagne. L'UE semble reconnaître ce danger et envisage une approche plus indulgente et moins austère de la relance économique. Toutefois, les changements proposés ne sont pas garantis, et l'Allemagne a exprimé des réserves, ce qui risque d'attiser les difficultés au sein de l'UE. La manière qu'a l'Allemagne d'aborder la crise économique menace également l'unité de l'UE et soulève des questions quant à la capacité du bloc à maintenir une réponse collective. La France, l'Italie, l'Espagne, la Belgique et la Hongrie ont dénoncé le programme d'aide intérieure de 200 milliards d'euros mis en place par l'Allemagne pour soutenir les consommateurs et les entreprises face à l'inflation et aux prix de l'énergie. Cette décision pourrait avoir un impact négatif sur le marché unique et les membres de l'UE craignent qu'elle ne confère à l'Allemagne un avantage injuste.

« Si elle continue à aller dans cette direction, nous n'aurons plus une Europe unie, mais une hégémonie des pays les plus forts, l'Allemagne en tête, ce qui affaiblirait non seulement l'UE, mais aussi tous les autres », a réagi sur sa page Facebook le sénateur italien Andrea Ferrazzi. Les Premiers ministres espagnol et belge ont tous deux affirmé que la décision de l'Allemagne compromettait la concurrence loyale au sein de l'UE et menaçait le marché unique. Le Premier ministre belge Alexander De Croo a mis en garde contre les dangers encourus lorsque *« chacun fait ce qu'il*

veut », tandis que son homologue espagnol Pedro Sánchez a déclaré qu'il ne fallait pas permettre au marché unique de « *se disloquer* ». L'un des objectifs de l'UE est de permettre à ses membres d'élaborer des politiques économiques coordonnées pour renforcer leur intégration et soutenir le marché unique. La décision unilatérale de l'Allemagne en matière de politique budgétaire et sa résistance à la pression de la France en faveur d'une politique économique européenne coordonnée, combinées à la réaction de ses partenaires européens, suscitent des inquiétudes quant à l'état actuel et futur de l'union économique de l'UE.

La question de l'attitude allemande est fondamentale. Nous y reviendrons plus loin, car elle déterminera l'avenir même de l'Europe. Même si la perception de l'UE reste plus largement favorable en Allemagne (78 %) qu'en France (66 %), selon le Pew Research Center, il apparaît de plus en plus clairement que Berlin envisage son engagement en Europe différemment que par le passé. C'est assez préoccupant puisque, dans le même temps, le sentiment pro-américain de nos voisins allemands n'a jamais été aussi élevé : 82 % d'après un sondage mené par le Pew Research Center et Körber-Stiftung. Je ne prétends pas que l'Allemagne a renoncé à l'UE, mais il est évident que la guerre en Ukraine a accéléré un changement de priorités outre-Rhin.

S'il faut relativiser la portée des sondages, ceux-ci permettent néanmoins de saisir la réalité du moment. L'étude américano-allemande publiée mi-octobre 2022 montre notamment que les Allemands considèrent désormais les États-Unis comme leur principal partenaire de politique étrangère (36 %) devant la France (32 %), l'UE arrivant bien loin avec 2 %. Il y a encore cinq ans, la France était largement devant avec 53 % des personnes interrogées estimant que Paris constituait le meilleur soutien diplomatique de Berlin. En d'autres termes, cela peut signifier que, pour l'Allemagne, les États-Unis apparaissent plus fiables à long terme que l'UE, d'autant que cette dernière montre, lors de chaque situation compliquée, ses difficultés à défendre des positions communes, contribuant par la même occasion à éroder son attractivité. Pour justifier leur attitude, les dirigeants de chacun des pays évoquent généralement une « nouvelle réalité » qui rend impossible à un moment donné le respect des règles communes. Parmi ces « nouvelles réalités », il y a eu la grande crise financière, la crise fiscale, la crise migratoire, la crise de la pandémie, et maintenant il y a la crise de l'énergie et la guerre. Et il y a aussi la crise climatique. Autant dire qu'il y a toujours une bonne raison de ne pas regarder le long terme.

Le pivot asiatique

Chaque fois, au lieu de s'attaquer aux racines des problèmes, les dirigeants politiques ne savent que répondre aux impacts immédiats, que faire du court terme. Cela signifie dédommager les consommateurs ou réduire les impôts indirects, des mesures très coûteuses qui favorisent des déficits de plus en plus élevés sans pour autant régler les problèmes de fond. C'est une question de responsabilité de première importance car la façon dont on a abordé les crises jusqu'à présent n'a jamais permis d'analyser nos faiblesses pour y remédier. Cette gestion nous rend de plus en plus dépendants des autres, en particulier de ceux qui s'en sortent mieux que nous, c'est-à-dire les grandes puissances que sont les États-Unis et la Chine. La crise ukrainienne a brutalement mis en lumière cette tendance dont j'avais déjà présenté les grands traits dans *Chine, le grand paradoxe*. Je ne suis bien sûr pas le premier à alerter sur cette fragilité finalement chronique de l'Europe. Dans *Le Défi américain,* Jean-Jacques Servan-Schreiber avait déjà noté, en 1967, que *« l'Amérique d'aujourd'hui ressemble encore, avec une quinzaine d'années d'avance, à l'Europe. Elle appartient au même système, le même concept de "société industrielle" les englobe l'une et l'autre. En 1980, les États-Unis seront dans un autre monde.*

Si nous n'y sommes pas parvenus de notre côté, ils détiendront un monopole de la technique, de la science, de la puissance moderne. » Nous avons résisté en partie grâce à la taille du marché unique dont les Américains comme les Chinois avaient besoin pour exporter leurs produits. Les deux crises que nous avons connues au cours des trois dernières années – la pandémie et la guerre en Ukraine – ont changé l'ordre du monde. Elles ont confirmé que l'Europe était en phase de décrochage au niveau international, un peu comme ces bacheliers dont le niveau est insuffisant pour suivre des études supérieures et qui, au bout de quelques semaines à l'université, disparaissent des radars. La première étape du décrochage a eu lieu en 2008, lors de la crise financière, dont nous sommes sortis en partie grâce à l'intervention chinoise. Un an plus tard, au Forum économique mondial de Davos, le Premier ministre Wen Jiabao nous l'a bien rappelé, en déclarant : « *En tant que grand pays responsable, la Chine a agi de manière active et responsable durant cette crise* ».

Du fait de leur poids géopolitique et de leur rôle dans les affaires mondiales, les Américains ont rapidement compris que la Chine n'entendait plus rester en retrait. Ce changement d'attitude de Pékin est directement lié à la prise de conscience que sans son intervention, le monde aurait basculé dans une situation encore plus difficile. Dès lors, il était normal que sa voix soit mieux entendue. À l'abri derrière leurs impressionnantes réserves en devises étrangères qui s'élèvent alors à quelque 2 000 milliards de dollars, les responsables chinois estiment qu'il s'agit d'un tournant dans l'histoire. Leur pays doit bien le négocier afin de tirer un trait définitif sur la période au cours de laquelle il a été soumis au bon vouloir des puissances occidentales et du Japon.

Les Jeux olympiques de Pékin en 2008 constituent un aperçu de l'évolution des mentalités en Chine. Il s'agit de la première manifestation à l'échelle planétaire qu'elle organise depuis la mise en œuvre de sa politique d'ouverture. En dépit des médias occidentaux qui insistent, à juste titre, sur les questions des droits de l'homme et de l'environnement, deux dossiers délicats pour les autorités chinoises, ces dernières parviennent à donner l'image d'une Chine qui gagne, comme l'ont montré ses 48 médailles d'or obtenues devant les États-Unis (36). C'est aussi l'occasion de montrer que le pays sait recevoir, comme en ont témoigné la magnifique cérémonie d'ouverture dans le désormais célèbre Stade national de Pékin, surnommé le « Nid d'oiseau », les spectaculaires efforts d'aménagement de la capitale et la disponibilité des volontaires qui ont grandement contribué à la réussite de l'événement.

En juillet, le président Hu Jintao explique qu'il faut désormais « *chercher des gains avec enthousiasme* ». Cette évolution va de pair avec une redéfinition des intérêts prioritaires du pays, qui jusque-là se résumaient surtout à son intégrité territoriale. En d'autres termes, Pékin ne pouvait tolérer aucune ingérence extérieure concernant le Tibet, Taïwan, Hong Kong ou le Xinjiang. Lorsqu'il s'apprête à céder le pouvoir à Xi Jinping en 2012, Hu exprime aussi le désir de la Chine de devenir une puissance maritime. Tout est prêt pour que le nouveau dirigeant passe à la vitesse supérieure. C'est donc bien la stratégie chinoise qui a fait émerger Xi Jinping plutôt que l'inverse, contrairement à ce que l'on entend souvent.

La politique du « pivot asiatique », défendue par l'administration de Barack Obama à partir de 2011 et consistant à concentrer davantage les efforts américains en Asie afin de contrecarrer la montée en puissance de la Chine, témoigne de cette prise de conscience à Washington. « *Tout comme l'Asie est essentielle à l'avenir de l'Amérique, une Amérique engagée est vitale pour l'avenir de l'Asie. La région est avide de notre leadership et de notre engagement commercial – peut-être plus qu'à tout autre moment de l'histoire moderne. Nous sommes la seule puissance à disposer d'un réseau d'alliances solides dans la région, à n'avoir aucune ambition territoriale et à avoir toujours veillé au bien commun »*, résume à sa manière Hillary Clinton, qui dirige alors la diplomatie américaine, dans un article publié le 11 octobre 2011 par *Foreign Policy*, intitulé « Le Siècle du Pacifique pour l'Amérique », tout un programme. Le long texte de la secrétaire d'État donne le « la » de ce que sera la stratégie américaine des prochaines décennies. *« Nous sommes fiers de nos partenariats européens et de tout ce qu'ils apportent. Notre défi consiste maintenant à construire un réseau de partenariats et d'institutions dans le Pacifique qui soit aussi durable et aussi cohérent avec les intérêts et valeurs américains que le réseau que nous avons construit dans l'Atlantique. C'est la pierre de touche de nos efforts dans tous ces domaines »*, souligne-t-elle. Il n'y a rien de plus clair que ce document pour mesurer l'importance que les États-Unis accorderont désormais à cette partie du monde et pour voir que l'Europe, elle aussi, devra suivre la même voie. À l'ère des « réseaux », il est indispensable de n'avoir aucune interférence et de créer une cohésion autour des objectifs américains.

Cette politique du « pivot asiatique » lancée par Barack Obama est prolongée et approfondie par Donald Trump. Après avoir concentré une bonne partie de sa première campagne présidentielle, en 2016, sur les déficits commerciaux des États-Unis à l'égard de la Chine, le futur président d'alors va progressivement déplacer le curseur vers d'autres thèmes pour aboutir à celui de la confrontation idéologique, beaucoup plus mobilisateur que la rivalité commerciale. Même si les consommateurs américains peuvent regretter que bon nombre de lignes de production ont été délocalisées en Chine, ils sont les premiers à acheter des produits *made in China*, car plus abordables. En revanche, la peur du communisme profondément ancrée dans leurs esprits reste un excellent moyen de les amener à soutenir la politique agressive vis-à-vis de Pékin. L'administration Trump finira même par ne plus présenter Xi Jinping que sous son titre de Secrétaire général du Parti communiste chinois, plutôt que sous celui de Président. Lorsqu'elle se lance dans son offensive contre Huawei et tente d'entraîner ses alliés derrière elle, l'un des principaux arguments de l'équipe de diplomates dépêchés dans le monde sera justement la menace communiste et l'existence du parti unique en Chine. Le message ne passe pas toujours très bien en Europe, où l'aspect idéologique n'est pas perçu de la même manière qu'aux États-Unis. Néanmoins, l'insistance américaine, comme le comportement plus direct de la Chine, nous y reviendrons, amène les Européens à se montrer plus attentifs au discours de Washington.

Jusque-là, ils s'étaient montrés assez discrets sur les dossiers taïwanais, coréen ou du sud-est asiatique. Davantage en position de spectateurs que d'acteurs, ils laissent le soin aux Américains d'arbitrer la plupart de ces questions dans un contexte de plus en plus tendu avec les Chinois. Dans sa profession de foi publiée par *Foreign Policy*, Hillary Clinton avait donné le ton : « *Comme tant d'autres pays avant elle, la Chine a prospéré dans le cadre du système ouvert et fondé sur des règles que les États-Unis ont contribué à construire et s'efforcent de maintenir. Or aujourd'hui, la Chine représente l'une des relations bilatérales les plus difficiles et les plus importantes que les États-Unis aient jamais eu à gérer. Cela exige une gestion prudente, régulière et dynamique, une approche de la Chine ancrée dans la réalité, axée sur les résultats et fidèle à nos principes et à nos intérêts.* »

La stratégie n'a pas été fondamentalement modifiée sous la présidence de Trump, et elle est aujourd'hui reprise par l'administration Biden. Aux États-Unis, il y a un accord bipartisan – qui lie démocrates et républicains – sur la politique à l'égard de l'Asie, et de la Chine en particulier. Cela donne encore plus de poids aux initiatives prises par les uns et les autres, au point parfois de créer des situations presque dangereuses. Le voyage éclair de la présidente de la Chambre des représentants, Nancy Pelosi, à Taïwan début août

2022, avait une dimension de politique intérieure très importante à quelques semaines des élections de mi-mandat. Bien que Joe Biden ait jugé ce déplacement inopportun, la démocrate est allée jusqu'au bout parce qu'elle ne voulait pas laisser les républicains aux commandes du dossier taïwanais. Il s'agissait aussi d'attirer l'attention du monde. Mme Pelosi y est largement parvenue. L'avion qui l'a conduite jusqu'à l'aéroport de Taipei a battu le record des vols le plus suivis de l'histoire sur l'application Flightradar 24.

En comparaison avec cette débauche d'énergie de la part des Américains, les Européens paraissent jouer « petit bras », ce qui incite Washington à nous entraîner dans son sillage. En plus de nous mettre dans une situation inconfortable de dépendance à l'égard de nos amis américains, notre inaction a laissé les coudées franches à la Chine pour construire la base de sa stratégie d'influence sur le Vieux Continent.

Europe-Chine : une politique complexe, valeurs versus intérêts

« *La Chine et l'Europe, bien que séparées par une grande distance, sont étroitement liées, du fait qu'elles vivent dans un même temps et un même espace.* » Ces propos de Xi Jinping prononcés, le 1er avril 2014, au Collège d'Europe à Bruges sont à la hauteur de l'intérêt que les Chinois nous portent. Dans *Chine, le grand paradoxe,* j'avais rappelé qu'à l'occasion de mon premier séjour officiel dans ce pays, en 1976, le ministre des Affaires étrangères Qiao Guanhua avait tenu ces propos qui résonnent encore dans mon esprit : « *Il existe, en effet, en Europe, une certaine tendance à l'union, mais elle est encore très insuffisante.* » Au fond, les Chinois avaient déjà compris que le chantier européen n'était pas terminé et qu'il faudrait du temps pour qu'il aboutisse. Cette réflexion avait été complétée par une autre, très importante : « *Nous pensons que la clé de la dispute entre les deux superpuissances est bel et bien l'Europe, dont chacun voudrait être le maître.* » En me remémorant ces paroles, près de cinquante ans plus tard, je me rends compte que la Chine avait bien saisi la complexité de notre position, mais aussi la nécessité pour nous de veiller à ne pas devenir les marionnettes des uns ou des autres. Même si le message ne le sous-entendait pas à ce moment-là, il signifiait aussi que Pékin pourrait un jour ou l'autre profiter de nos faiblesses structurelles pour nous imposer certains choix. Comme d'autres, l'Europe a commis l'erreur de privilégier sa politique interne de la concurrence et de ne pas considérer la relation avec la Chine comme de puissance à puissance, dépassant le simple horizon économique.

Lors de leurs déplacements, les principaux dirigeants européens cherchaient surtout à vendre certains de nos produits et à accompagner nos industriels qui voyaient en Chine un écosystème plus favorable que celui de l'Europe. Nous avons ainsi créé ce qu'on appellera « l'atelier du monde », en y transférant une partie de nos usines et nos technologies, en éludant les conséquences à long terme de ces décisions. Beaucoup croyaient à l'époque, comme George W. Bush l'exposera quelques années plus tard, que « *la liberté économique crée des habitudes de liberté. Et les habitudes de liberté, des désirs de démocratie… Commerçons librement avec la Chine et le temps jouera en notre faveur.* » Tout peut encore arriver, mais il faut reconnaître que les Chinois ont su habilement utiliser les outils que nous leur avons apportés pour en construire de nouveaux plus puissants et développer une vision du monde bien différente de celle que nous voulions lui vendre. On aurait dû davantage écouter Jacques Chirac quand il nous disait : « *Soyez attentifs aux Chinois : ils sont aussi intelligents que nous, ils travaillent beaucoup plus et ils sont un milliard et demi. Ils sont là pour longtemps !* »

Il n'empêche que la Chine a toujours considéré l'Europe avec un certain respect, estimant que son existence permettrait de créer une stabilité dans les affaires mondiales. Car éviter, autant que faire se peut, des confrontations directes est une constante de son mode de pensée. Les Chinois cherchent à mettre en œuvre ce que le philosophe François Jullien appelle un « *potentiel de situation* ». En d'autres termes : « *Je m'appuie sur les facteurs porteurs que j'ai su déceler dans la situation pour les laisser jouer en ma faveur* », explique-t-il dans son *Traité de l'efficacité*[1]. Grâce à cette méthode, ils ont développé un pragmatisme diplomatique qui leur a permis de passer d'un relatif isolement à la fin des années 1970 à une véritable intégration dans la communauté internationale au cours des deux décennies suivantes. Celle-ci a été renforcée dans les années 2000 par le rôle attribué à ses grandes entreprises d'État hors des frontières nationales. À mesure que son économie s'est développée et a gagné des parts de marché, Pékin a pris confiance en ses capacités de jouer un rôle différent. Comme je l'ai déjà mentionné plus haut, le tournant a été l'année 2008. Jusque-là, l'objectif de la Chine avait été de devenir un centre de production mondial ; y parvenir attirerait les capitaux et connaissances internationales. Après la crise financière, elle a fait évoluer ses impératifs stratégiques vers la réduction du risque d'endettement et la stimulation de la

1. Grasset, 1997.

demande globale, tout en déployant des mesures de relance économique massives pour encourager la consommation et l'investissement intérieurs, afin de diminuer sa vulnérabilité aux chocs extérieurs. Il s'agit d'une première affirmation de son indépendance à un moment où elle dépasse le Japon pour devenir le plus grand détenteur de la dette américaine – ou bons du Trésor –, avec environ 600 milliards de dollars. Deux ans plus tard, elle deviendra officiellement la deuxième puissance économique de la planète. Malgré tout, beaucoup sont restés figés dans la certitude qu'elle finirait par changer et s'aligner sur notre conception du monde.

Ce qui n'était déjà pas envisageable quand la Chine était dirigée par Hu Jintao l'est encore moins depuis que Xi Jinping est arrivé à la tête du Parti communiste en novembre 2012. Ce dernier rappelle régulièrement que son pays restera attaché à son « *modèle socialiste à caractéristiques chinoises* ». Et sa manière de renforcer son pouvoir au cours de ses deux premiers mandats indique clairement qu'il ne faut pas espérer de changement tant qu'il sera à la tête du pays. Dès lors, il est indispensable d'observer attentivement son fonctionnement plutôt que d'être en permanence dans la réaction, ce qui se traduit souvent par de nouvelles déconvenues. Là encore, je citerai François

Jullien qui, dans *Le Détour et l'Accès*[1], note qu'il attend « *de ce détour par la Chine qu'il nous ouvre une perspective : de pouvoir nous interroger à partir d'un certain dehors. Je sais bien que la philosophie occidentale n'a cessé de renouveler son interrogation, que chaque philosophe vient dire non à celui qui l'a précédé, que la critique, d'une pensée à l'autre, a été la dynamique de son histoire. Néanmoins, si éprise qu'elle soit de son propre dépassement, la philosophie occidentale ne s'interroge toujours que du dedans ; si radicale qu'elle se veuille, cette critique est toujours relativement intégrée, il demeure toujours une certaine entente implicite à partir de quoi des positions peuvent se démarquer. Il y a toujours ce* à partir de quoi *nous nous interrogeons et que, par là même, nous ne pouvons pas interroger. Les plus éclatants débats ont un fond de connivence. À preuve ces enjeux communs nés de la pensée grecque (l'être ou la liberté) dont nous ne sommes jamais sortis – mais que n'a pas connus la Chine.* »

Ces propos éclairants devraient être à la base de notre approche de la Chine qui, elle, n'a pas attendu pour évoluer et emprunter à nos méthodes pour avancer ses pions et accroître son influence à notre corps défendant, y compris sur le Vieux Continent. Bien que Wang Yi, alors ministre des Affaires étrangères, affirmât, en

1. Grasset, 1995.

mars 2021, en marge des réunions plénières de l'Assemblée populaire nationale et du Comité national de la Conférence consultative politique du peuple chinois, que *« la relation entre la Chine et l'Europe est égalitaire et ouverte ; elle ne cible aucune tierce partie et n'est contrôlée par personne d'autre »*, force est de constater que cela relève plus du vœu pieu que de la réalité. La position de l'Union européenne énoncée par la Commission européenne, le 12 mars 2019, dans « Relations UE-Chine – Une vision stratégique », où la Chine est présentée comme *« un rival systémique »*, montre que les Européens interprètent les choses différemment et qu'ils se sentent désormais plus proches des positions défendues par les États-Unis. La stratégie chinoise consistant à établir sur tous les continents des forums qui lui permettent de dialoguer directement avec des groupes d'États n'est pas étrangère à cette évolution. La création du groupe de coopération entre la Chine et les pays d'Europe orientale et centrale « 16+1 » a été perçue par Bruxelles comme un stratagème pour accroître l'influence de Pékin en Europe, d'autant que parmi les participants figuraient plusieurs membres de l'UE. Du côté chinois, cet engagement a toujours été présenté comme une opportunité pour développer de nouvelles activités et fournir des infrastructures que l'UE n'est pas en mesure de financer, le tout sans arrière-pensée. Lorsque la Grèce a rejoint le groupe en 2019 et que l'Italie s'est engagée derrière l'Initiative « une ceinture et une route », la même année, le sentiment de menace a pris le dessus du côté des instances européennes, pour qui Pékin a outrepassé son rôle de partenaire pour se comporter en rival. Cela met en évidence la faiblesse du dialogue sino-européen. À juste titre, les principales capitales européennes peuvent estimer que l'engagement chinois représente *« un des plus grands défis pour l'Europe »*, comme l'a déclaré Johannes Hahn quand il était commissaire à l'élargissement et à la politique européenne de voisinage. C'est d'autant plus vrai dans les Balkans, où l'on a pu constater pendant la crise sanitaire que la Chine avait particulièrement bien traité certains pays. Parallèlement, elle a montré qu'elle pouvait se montrer très dure avec d'autres. Son attitude vis-à-vis de la Lituanie a suscité de nouvelles craintes. La décision de cette dernière de se retirer du groupe « 17 [depuis l'entrée de la Grèce] +1 » en mai 2021 et l'ouverture à Vilnius, trois mois plus tard, d'un bureau de représentation « de Taïwan », et non « de Taipei », comme l'accepte Pékin, ont conduit les Chinois à mettre en place un boycott qui pénalise les entreprises lituaniennes. Cette sanction économique qui ne dit pas son nom est une mesure classique du gouvernement chinois lorsqu'il veut faire pression sur des pays dont les positions ne le satisfont pas. La Corée du Sud, Taïwan, bien sûr, ou encore l'Australie avaient déjà été l'objet de ce genre de traitements, mais c'était la première fois qu'un pays européen, de surcroit membre de l'UE, était ainsi touché. Si, aux yeux de Pékin, la décision se justifie parce que la question de Taïwan est ultrasensible, elle est inacceptable pour les Européens. Ces derniers ont d'ailleurs entamé, en janvier 2022, une procédure contre la Chine auprès de l'OMC pour dénoncer « *ses pratiques discriminatoires à l'encontre de la Lituanie, qui frappent également d'autres exportations du marché unique de l'UE* ». L'Europe et la Chine en sont arrivées à une sorte d'impasse, comme l'a résumé publiquement Josep Borrell, le haut représentant de l'Union européenne pour les affaires étrangères et la politique de sécurité, à l'issue du sommet UE-Chine, au mois d'avril suivant : « *Le dialogue était tout sauf un dialogue. Dans tous les cas, c'était un dialogue de sourds.* »

Ce constat est très préoccupant, car le contexte international est particulièrement tendu et le dialogue de plus en plus difficile à tous les niveaux. C'est d'autant plus regrettable que dans le discours officiel chinois, le désir d'Europe est toujours présent. Il n'est pas sans calcul puisque la Chine veut, on l'a vu, éviter un face-à-face direct avec les États-Unis, mais il a l'intérêt d'exister. « *La Chine et l'Europe partagent un large éventail d'intérêts* [...] *; les deux civilisations peuvent s'engager dans un dialogue et des échanges. Nous ne sommes pas des rivaux institutionnels ; et beaucoup de grandes choses peuvent être réalisées lorsque la Chine et l'Europe coopèrent de manière indépendante et autonome.* [...] *De notre point de vue, la Chine et l'Europe sont deux acteurs clés du monde multipolaire* », affirmait Wang Yi, en mars 2021, avant d'ajouter : « *Nous sommes prêts à travailler avec l'UE pour relever les défis mondiaux, injecter une énergie plus positive dans la lutte de la communauté internationale contre la pandémie* [...], *la reprise économique et le changement climatique, et apporter plus de stabilité aux relations internationales.* »

Comme toujours, il faut prendre les Chinois au mot pour mettre en place un rapport de force qui les obligera à tenir leur parole. Sinon ils parviendront à faire évoluer la situation en leur faveur « *en épuisant et paralysant peu à peu l'adversaire de sorte que, quand il engage enfin le combat, l'autre ait déjà renoncé à se battre* », ainsi que le note François Jullien dans son *Traité de l'efficacité*[1]. Au regard des événements tragiques en Ukraine et de leurs conséquences, il est impératif de renouer

1. Op. cit., Grasset, 1997.

durablement avec Pékin, dans la mesure où notre attitude a favorisé l'émergence du pôle d'entente entre la Russie et la Chine et d'une solidarité des solitudes entre les deux voisins. Voilà une situation pour le moins paradoxale puisque, au fond, les Chinois ne soutiennent pas l'attaque par les Russes de la souveraineté nationale d'un pays avec lequel ils entretenaient d'excellents rapports avant le 24 février. L'action russe a réveillé le lointain souvenir de l'agression japonaise en Mandchourie, en 1931, prélude à l'invasion du reste de la Chine en 1937 et à la guerre du Pacifique en 1941. Le Japon avait, à cette époque, procédé de la même manière que les Russes aujourd'hui, dans un environnement international sensiblement identique. La Société des Nations, première tentative d'un multilatéralisme organisé, n'était guère vaillante, tout comme actuellement l'Onu qui lui a succédé en 1945. Le sentiment d'être déconsidérés par une partie de l'Occident pousse la Chine et la Russie à s'unir et à porter leurs relations bilatérales à des niveaux jamais vus. « *L'amitié sans limite* », comme l'ont proclamée Xi Jinping et Vladimir Poutine, quelques jours avant l'invasion de l'Ukraine, ressemble à une quasi-alliance. Cela devrait nous inquiéter au plus haut point puisque, dans sa volonté de bâtir « *un nouveau type de relations internationales* », le président chinois défendait, dans un discours prononcé en janvier 2017 à Genève, au Palais des Nations, la nécessité de « *promouvoir le dialogue et la concertation pour construire un monde de paix durable* », et invitait tous les pays à « *nouer entre eux le dialogue et le partenariat* » et à « *rejeter la confrontation et l'alliance* ».

G2 conflictuel : nouvelle gouvernance mondiale

Nous en sommes arrivés là parce que l'Occident a progressivement abandonné son intérêt pour la gouvernance mondiale au profit d'une politique fondée sur les intérêts bien compris des États-Unis et du dollar, contribuant ainsi à affaiblir la crédibilité des institutions multilatérales, Onu en tête. De nombreuses organisations liées aux Nations unies ne reflètent plus les nouvelles réalités géopolitiques, comme le montre leur incapacité à forger un consensus entre les grandes puissances et à prévenir les conflits. Il est clair que les relations conflictuelles entre les États-Unis et la Chine ont accéléré ce phénomène qui, on l'a vu pendant la pandémie, s'est traduit par des difficultés à venir en aide aux pays les plus fragiles. Dans ces failles, se sont infiltrés d'autres groupements, tous plus ou moins sous l'influence d'une des deux grandes puissances. Il est intéressant de souligner que les plus actifs se trouvent en Asie. Il y a le Quad, le dialogue de sécurité informel qui unit l'Australie, les États-Unis, l'Inde et le Japon, l'un des principaux instruments de la stratégie indopacifique de Washington aujourd'hui. Relancé sous la présidence de Trump, il est privilégié par Joe Biden, car il inclut les quatre pôles les plus importants de la zone, à l'exception de la Chine, bien sûr, qui est le centre de leurs discussions. L'objectif de Washington, comme l'a rappelé le président américain le 4 février 2021, dans un discours prononcé au département d'État, est de « *rétablir* [ses] *alliances et* [s']*engager à nouveau dans le monde, non pas pour relever les défis d'hier, mais ceux d'aujourd'hui et de demain. Le leadership américain doit répondre à ce nouveau moment de progression de l'autoritarisme, notamment aux ambitions croissantes de la Chine de rivaliser avec les États-Unis, et à la détermination de la Russie de nuire à notre démocratie et de la perturber.* » Il a au moins l'avantage d'être sans ambigüités, ne laissant aucune place aux interprétations. Il semble être arrivé à la même conclusion que Dean Acheson, futur secrétaire d'État de Harry Truman, quand il affirmait à la fin de la Seconde Guerre mondiale : « *Ce n'est que lentement que nous prîmes conscience que l'ensemble de la structure et de l'ordre du monde que nous avions* *hérité du XIXe siècle avait disparu et que la lutte pour le remplacer mettrait aux prises deux centres de pouvoir farouchement opposés et idéologiquement irréconciliables.* » Mais à la différence des États-Unis de 1945, motivés par le désir d'établir un nouvel ordre mondial empêchant des tragédies comme celles de la première moitié du XXe siècle, l'hôte actuel de la Maison-Blanche n'est pas dans une dynamique de refondation, mais dans celle du rétablissement d'alliances.

La meilleure expression de cette volonté est l'alliance militaire tripartite formée, en septembre 2021, par l'Australie, les États-Unis et le Royaume-Uni, et plus connue sous son acronyme anglais AUKUS. Elle s'est faite, rappelons-le, au détriment de la France, qui a dû renoncer au « contrat du siècle », la vente de sous-marins aux Australiens. Elle est la démonstration que Washington défend avant tout ses intérêts, quitte à sacrifier ses alliés sur l'autel de sa stratégie. Un autre enseignement de cette séquence porte sur le rôle du Royaume-Uni qui, depuis le Brexit, affirme à la fois son ancrage aux côtés des États-Unis et sa volonté d'être « *le partenaire européen ayant la présence la plus large et la plus intégrée dans l'Indo-Pacifique, avec un engagement à long terme, des partenariats plus étroits et plus profonds sur les plans bilatéral et multilatéral* », comme Londres l'a rappelé dans sa revue stratégique pour les dix prochaines années publiée en mars 2021. Au-delà de ces questions diplomatiques, l'AUKUS a également ouvert une brèche dans l'interprétation dominante du Traité de non-prolifération nucléaire. Bien que celui-ci n'interdise pas formellement le transfert d'armes nucléaires, la possibilité pour les États-Unis – puissance nucléaire – de transférer une technologie de propulsion nucléaire à l'Australie – un État non doté d'armes nucléaires – crée un précédent dont on se serait bien passé dans un monde déjà richement pourvu d'équipements de ce type. En outre, cette alliance a été perçue comme un signal pour une nouvelle course aux armements, en particulier par les pays d'Asie du Sud-Est inquiets de voir leur région devenir le principal lieu de confrontation entre les États-Unis et la Chine. Cette dernière a donc accentué sa pénétration dans le Pacifique, ajoutant de l'huile sur le feu et donnant de nouveaux arguments à ceux qui souhaitent contenir Pékin.

Pour leur part, les Chinois ont développé avec les pays d'Asie centrale, la Russie, l'Inde, le Pakistan, et l'Iran à partir de 2023, l'Organisation de coopération de Shanghai (OCS), dont la vocation initiale était de promouvoir la lutte contre le terrorisme. Avec le temps, et grâce aux succès enregistrés sur le plan de la coopération en matière de sécurité, l'OCS a pris plus d'importance dans la stratégie chinoise qui, elle, s'articule autour de l'idée d'offrir un ordre mondial alternatif, différent de celui sur lequel les Occidentaux s'arcboutent et qui suscite une défiance croissante d'une bonne partie de la planète. Face au discours occidental sur les valeurs universelles, mais à géométrie variant selon les intérêts du moment, les membres de l'OCS défendent l'idée selon laquelle les relations internationales doivent tenir compte des particularités civilisationnelles des différents pays, comme cela fut affirmé dans la déclaration finale du sommet de l'OCS à Qingdao, en juin 2018. De Tachkent à Islamabad, en passant par New Delhi et Moscou, ils estiment indispensable de s'assurer que chacun a voix au chapitre, quelle que soit sa taille. Lorsqu'on discute avec des diplomates affectés à l'OCS, c'est souvent cet aspect qui ressort, tout comme la fluidité de la communication, y compris entre des pays ayant de forts contentieux, à l'instar de l'Inde et du Pakistan. Son élargissement à l'Iran ou encore l'octroi d'un statut de partenaire de dialogue à l'Arabie saoudite, à l'Égypte et au Qatar, traduisent l'ambition de lui faire dépasser sa dimension strictement régionale. C'est ce qui fait dire aux plus optimistes de ses membres qu'elle porte en elle une dynamique capable d'attirer de nouvelles adhésions, mais surtout de favoriser les idées d'une refonte de l'ordre mondial. Pékin et Moscou en sont les principaux promoteurs. Yang Jiechi, qui fut jusqu'au dernier congrès du Parti communiste le grand ordonnateur de la politique étrangère chinoise, l'a expliqué lors d'un entretien avec l'ambassadeur de Russie en Chine, Andreï Denissov. « *La partie chinoise est prête à travailler avec la partie russe pour mettre en œuvre de manière continue la coopération stratégique de haut niveau entre les deux pays, sauvegarder les intérêts communs et promouvoir le développement de l'ordre international dans une direction plus juste et raisonnable* », a-t-il déclaré. Dans le contexte de la guerre en Ukraine, ce genre de propos risque de créer la confusion entre « alliance » sino-russe et gouvernance mondiale dirigée contre l'Occident. Ce n'est pas ce qu'attendent la plupart des pays qui ne croient pour autant plus dans le système international actuel.

Le G20 fait de la résistance

Voilà pourquoi nous devons aussi prêter attention à un autre groupement, le G20. Ses principales caractéristiques sont de réunir autour d'une même table les Occidentaux et les pays émergents qui, dans leur majorité, contestent l'ordre établi, et de proposer une présidence tournante afin de donner à tous les États une chance de défendre leurs priorités pour la planète. C'est sans doute pour cette raison que la Chine a développé un fort intérêt pour ce forum, au point d'amener certains observateurs à penser qu'elle voulait l'instrumentaliser à son profit. Je ne crois pas que ce soit le cas, d'autant que son voisin et concurrent indien en assume la présidence en 2023. D'ailleurs, Narendra Modi, le Premier ministre de l'Inde, n'a pas manqué de rappeler qu'il s'opposait à cette instrumentalisation dans une tribune publiée par *L'Opinion,* à l'occasion du début de la présidence indienne du G20 le 1er décembre 2022. « *La confrontation et la concurrence – entre les idées, les idéologies et les identités – sont devenues la norme.* […] *Nous le constatons lorsque des pays se disputent des territoires ou des ressources. Nous le voyons lorsque des biens essentiels sont transformés en armes. Nous le remarquons lorsque les vaccins sont monopolisés par quelques-uns, alors que des milliards de personnes restent vulnérables.* […] *Aujourd'hui, les plus grands défis auxquels nous sommes confrontés – le changement climatique, le terrorisme et les pandémies – peuvent être résolus non pas en se battant les uns contre les autres, mais uniquement en agissant ensemble* », écrit-il, laissant entendre que l'une de ses ambitions, pendant la durée de son mandat, sera de favoriser la concorde entre les membres du groupement et à un niveau plus global. Aussi ai-je été très attentif aux déclarations du gouvernement indien dès sa prise de fonction à la tête du groupe des Vingt. « *La Russie est membre du G20 et nous nous attendons donc à ce qu'elle participe à ce processus* », a expliqué l'un des porte-paroles du ministère indien des Affaires étrangères. Il a noté que le G20 fonctionne sur le principe important du consensus, et que les efforts de l'Inde en tant que présidente du groupement des vingt plus grandes économies du monde viseront donc à établir un consensus. « *Je ne peux rien dire de plus, si ce n'est que le groupement doit parler d'une seule voix, notamment sur les questions importantes qui touchent le monde* », a-t-il conclu. Voilà des paroles de bon sens.

Cela ne retire rien à la responsabilité de Moscou dans la crise liée à son invasion de l'Ukraine, mais cette approche est sans doute plus constructive que le discours tendant à ajouter du chaos à un monde déjà fracturé. Est-il besoin de lister ici toutes les zones d'affrontement actuellement dans le monde ? C'est inutile, puisque l'actualité se charge de le faire tous les jours. À la différence du monde occidental, dont une partie des dirigeants réagissent de manière belliqueuse pour ne pas passer pour des « Munichois », force est de constater que la raison s'est déplacée vers d'autres latitudes avec des gouvernements plus réalistes et plus prompts à chercher des solutions qu'à accroître les tensions globales. La position indienne ne doit donc rien au hasard ou à un quelconque opportunisme. Il est frappant de constater qu'à New Delhi – et non à Pékin –, le jour où l'Inde a pris la présidence du G20, l'une de ses premières déclarations dans ce cadre a été de rappeler la nécessité d'un *aggiornamento* des institutions internationales. « *L'ordre mondial a changé, et les structures et institutions du passé doivent être modifiées pour faire face aux défis contemporains. Le rôle de l'Inde au sein du G20 reflète ces changements, et le monde ne peut pas travailler avec les structures du passé pour relever les défis d'aujourd'hui* », a lancé le porte-parole du ministère des Affaires étrangères. Ces propos ont le mérite d'être clairs. Ils permettent aussi de saisir comment le forum de discussions qu'est le G20 peut être utile pour débloquer certaines situations voire favoriser l'émergence de nouvelles, structures de dialogue. Je reste persuadé que c'est l'essence même de la diplomatie, qui est la pratique, l'action et la manière de représenter son pays auprès d'un pays étranger ou dans les négociations internationales, de concilier leurs intérêts respectifs ou de régler un problème sans recours à la force.

J'appartiens à une génération qui n'a certes pas vécu la guerre, mais qui en a ressenti les conséquences et a reçu les témoignages directs de ceux qui l'avaient connue. J'en ai gardé une profonde détestation à l'égard de la violence et j'ai toujours considéré que les échanges étaient la meilleure garantie de la paix dans le monde. Ce qui explique mon engagement à la tête de l'association Leaders pour la paix. En tant que président de la Commission des affaires étrangères du Sénat, j'avais pris conscience, jour après jour, de la dangerosité du monde et des tensions de plus en plus fortes avec le retour des États-puissances. J'ai donc voulu m'impliquer dans une démarche pédagogique de la paix pour que l'opinion publique ne perde pas de vue que cette dernière est un trésor qu'il faut protéger. Il est regrettable que dans le monde actuel de nombreux dirigeants – nés pour la plupart bien après la Seconde Guerre mondiale – n'en aient pas suffisamment conscience et que dans leur gestion des affaires, ils n'en tiennent pas compte, privilégiant la confrontation à la discussion. En lançant l'initiative Leaders pour la paix, j'avais pour ambition de sensibiliser les dirigeants et les opinions publiques sur les risques de conflits armés, régionaux ou mondiaux. La paix ne tombe pas du ciel, elle est un travail de longue haleine qui se heurte, dans le contexte actuel, à de plus en plus d'obstacles, incitant de nombreux pays à opter pour le repli sur soi plutôt que pour le chemin de la compréhension, voire de la solidarité. La récente crise sanitaire en a été l'illustration la plus évidente. J'ai écrit dans le rapport 2021 de l'association que *« le coronavirus a fait reculer le multilatéralisme. Il a choisi son camp, plutôt la compétition que la coopération.* […] *Dans cette pandémie, les tensions entre les nations sont apparues plus nombreuses et plus agressives. Les masques, les tests, les vaccins… ont fait l'objet de multiples guérillas. »*

La Chine, avec sa « diplomatie du masque », puis à travers la fourniture de vaccins, a choisi ses amis. Le bilatéral a été privilégié aux dépens du multilatéral. Cela a été une manière maladroite, à mon sens, de réagir aux attaques des Occidentaux, des États-Unis en particulier, qui ont parlé de « China virus » ou de « Kung flu ». Il aurait mieux valu répondre collectivement à cette pandémie planétaire. Certes, l'Occident s'est organisé. La rapidité à laquelle les vaccins ont été développés a permis de constater que le génie humain était toujours vivace. Toutefois, dès qu'il s'est agi d'en faire profiter la planète, le Nord a fait preuve d'un égoïsme qui a nourri des rancœurs dans les pays du Sud, restés « hors-jeu » pour filer la métaphore du ballon rond.

Je me réjouis de constater que, dans sa note d'intention concernant la présidence du G20, le Premier ministre indien s'engage à « *dépolitiser l'approvisionnement mondial en nourriture, engrais et produits médicaux, afin que les tensions géopolitiques ne conduisent pas à des crises humanitaires. Comme dans nos propres familles, ceux dont les besoins sont les plus grands doivent toujours être notre première préoccupation.* » Il insiste également sur l'idée que « *nos priorités pour le G20 seront définies en consultation avec nos partenaires du G20, mais aussi avec nos compagnons de route du Sud, dont la voix n'est souvent pas entendue.* »

J'insiste sur le groupe des Vingt parce que, je l'ai déjà dit, je crois que son fonctionnement, même s'il est perfectible, offre le cadre d'une réflexion sur la réforme de la gouvernance mondiale. Car je ne suis pas le seul à défendre l'idée d'une évolution des institutions internationales. « *Je crois profondément que nous arrivons à la fin d'un cycle. Nous savons maintenant à quel point nos trajectoires de croissance du tournant du millénaire nous menaient dans une impasse : elles étaient génératrices d'inégalités pleinement explosives au sein même de nos sociétés ; elles consommaient le capital naturel de la planète ; et elles, en quelque sorte, exaltaient les tensions géopolitiques déjà existantes* », a reconnu Emmanuel Macron lors de la conférence annuelle de Leaders pour la paix en 2021. Le chef de l'État français défend le « consensus de Paris » qui a émergé à l'occasion du Forum de Paris pour la Paix en 2020, porteur d'une transition vers de nouveaux modèles économiques, sociaux, démocratiques. Mais comme le reconnaît son président, Pascal Lamy, *« le nouveau centre de gravité, le nouvel évangile reste encore à définir »*. C'est la raison pour laquelle j'observe avec attention la manière dont le G20 avance. Il est frappant de constater que c'est la seule arène susceptible de favoriser le dialogue, y compris quand celui-ci paraît impossible. La rencontre entre Joe Biden et Xi Jinping lors du sommet de Bali, mi-novembre 2022, la première entre les deux hommes depuis l'entrée en fonction du président américain en janvier 2021, en constitue le meilleur exemple. À l'issue de leur long entretien, l'hôte de la Maison-Blanche a même déclaré : *« Je crois que nous nous comprenons. »* Bien sûr, cela ne règle pas tous les différends, ni les dossiers en suspens, mais l'échange permet de débloquer des situations et de relancer des coopérations. Sans cette occasion, les deux pays seraient restés sur leurs positions et un thème aussi crucial pour la planète que le réchauffement climatique aurait continué à pâtir de leur brouille.

On a vu que la rupture de collaboration entre la Chine et les États-Unis sur le climat, suite à la décision chinoise au lendemain du déplacement de Nancy Pelosi à Taïwan, a contribué à empêcher des avancées significatives lors de la COP 27, à Charm el-Cheikh. Après sa discussion avec Joe Biden, Xi Jinping a donné son feu vert à la reprise de la coopération entre les deux pays sur ce sujet fondamental. « *Notre espoir est qu'en un court laps de temps, il deviendra possible pour nous de vraiment nous réunir à nouveau en pleine mesure et de faire les choses nécessaires en tant que les deux principaux émetteurs et plus grandes économies du monde. La Chine et les États-Unis doivent vraiment coopérer sur ce point. Car, même si les États-Unis s'orientent vers un programme à 1,5 degré, ce qui est le cas, sans la Chine, nous ne pourrons atteindre cet objectif* », a affirmé, en marge de la COP 27, John Kerry, l'envoyé spécial des États-Unis pour le climat, après avoir confirmé la reprise du dialogue formel entre les deux premières puissances de la planète.

Peut-on parler d'un effet G20 ? Je suis enclin à le penser, même si certains le perçoivent moins positivement. Notamment les Européens, qui ont pu mesurer à l'occasion du fameux sommet de Bali qu'ils pesaient de moins en moins face aux mastodontes américain et chinois. Ce genre de chocs est nécessaire pour espérer un changement d'attitude. Une des leçons importantes que le G20 nous a offertes en 2022, c'est justement sa capacité à résister aux tentatives de politisation. Malgré un agenda tourné vers le bien-être des peuples – l'architecture mondiale des soins de santé, la transformation numérique et la transition vers une énergie durable –, dont l'impact ne peut qu'améliorer la qualité de vie non seulement dans les pays du G20, mais dans le monde entier, les Occidentaux, Européens en tête, ont bien failli sacrifier leurs propres citoyens et ceux des pays en développement au nom de leur désir d'« éliminer » la Russie de ce forum. L'Indonésie, qui présidait, a fait preuve d'une maturité, d'une vision et d'une envergure exceptionnelles en tant qu'État responsable en résistant à leurs pressions sans précédent pour imposer un ordre fondé sur des règles qui les arrangeaient. L'absence de Vladimir Poutine, décidée par le président russe lui-même, a peut-être permis d'éviter quelques moments difficiles pour le protocole, mais ce que le président indonésien Joko Widodo est parvenu à faire n'est pas négligeable non plus. Autrement dit, il existe aujourd'hui un forum où les pays ayant peu voix au chapitre sont en mesure de s'opposer à certains choix qui, dans d'autres lieux dominés par une seule et même vision, seraient adoptés sans difficultés.

Cela dit, bien que convaincu qu'il pourrait, du fait de son fonctionnement, servir la bonne cause en permettant d'atteindre des compromis, je suis conscient des limites du G20. Jusqu'à présent, aucune rupture significative, dans des entreprises où la participation d'absolument tous les acteurs est requise, n'a émergé de ce forum. Je me souviens qu'en 2016, lorsque la Chine assurait la présidence du groupe des Vingt, Xi Jinping avait demandé aux membres de joindre l'action à la parole. « *Nous devrions transformer le G20 en une équipe opérationnelle, au lieu d'un atelier de discussion* », avait-il déclaré. Il y a encore beaucoup à faire pour atteindre cette objectif, mais le forum a au moins démontré sa capacité à maintenir le cadre d'une coopération économique internationale, unique malgré des désaccords croissants sur un certain nombre de questions, qui empêche le monde de glisser dans les profondeurs d'une grave crise, même sur fond de guerre commerciale entre les États-Unis et la Chine.

Je ne lis pas dans le marc de café, mais je pense que l'Inde fera la démonstration de son habileté en donnant au G20 une nouvelle dimension. Sa proximité à la fois avec les Occidentaux et la Russie lui offre de nombreux canaux de communication pour avancer sur la voie du dialogue, dont elle a fait une des priorités de sa présidence. Elle lui permet aussi d'imaginer certaines avancées tangibles dans des domaines visant à « *façonner un nouveau paradigme, celui d'une mondialisation centrée sur l'humain* ». L'ambition de Narendra Modi de faire de son pays « *une puissance de premier plan* » est un moteur suffisamment fort pour le pousser à mettre toutes les chances de son côté. Il est aussi dopé par la dynamique de l'Inde dont l'économie, selon le Fonds monétaire international, est passée en septembre 2022 au cinquième rang mondial, devant le Royaume-Uni, son ancien colonisateur. Une fois de plus, un pays asiatique passe devant un européen, qui a certes quitté l'UE, mais tout de même, c'est bien la révélation d'une réalité : l'affaissement de l'influence du Vieux Continent.

– II –

Le Réveil

Après la crise de la Covid-19, la guerre en Ukraine est un choc pour les Européens qui découvrent avec un certain effarement leur incroyable dépendance à l'égard des deux premières puissances de la planète. À l'occasion de la pandémie, nous avons pris conscience que nous étions à la merci de la Chine, y compris pour les médicaments. Ce n'était pas, à dire vrai, une nouveauté puisqu'en 2017, l'Agence française de sécurité du médicament avait reconnu une pénurie de plus de 500 médicaments d'« intérêt thérapeutique majeur » du fait de difficultés de production en Chine où les grandes entreprises pharmaceutiques ont choisi d'installer leurs usines. Le renoncement à fabriquer localement a eu pour conséquences de détruire (ou presque) une filière d'excellence et de placer une épée de Damoclès au-dessus de la tête des Européens, réduits à espérer que la chaîne d'approvisionnement sera la plus fiable possible. Ainsi, les problèmes étaient nombreux et récurrents, avant même que le coronavirus apparu à Wuhan ne vienne semer la pagaille à l'échelle planétaire. En 2019, les Néerlandais ont fait face à des pénuries sur plus de 2 000 produits, amenant certains patients à renoncer ou à choisir des produits moins efficaces. Un an plus tard, lorsque la Covid-19 a submergé le monde, les Européens ont manqué de masques, de paracétamol et d'autres éléments indispensables pour affronter une crise sanitaire sans précédent. En plus de révéler la désindustrialisation pharmaceutique du Vieux Continent, elle a mis en évidence la fragilité de la solidarité européenne.

L'utopie de la souveraineté intégrale

Dans les premières semaines, les gouvernements, en dépit de quelques bonnes paroles appelant à la mise en commun des ressources, ont eu un réflexe nationaliste, gardant pour eux leur précieux matériel quand d'autres en avaient plus besoin. Je ne peux pas oublier cet épisode, en mars 2020, où l'Italie avait réclamé en vain des masques à ses partenaires. « *Seule la Chine a répondu. Ce n'est pas bon signe pour la solidarité européenne* », avait déclaré, peu après, l'ambassadeur italien auprès de l'UE, Maurizio Massari, ajoutant : « *C'est une bataille dans laquelle nous affrontons deux terribles ennemis : la panique et l'égoïsme.* » Il y a eu également un début de « guerre des masques » entre la France et la Suède, provoquant des tensions entre les deux gouvernements appartenant pourtant l'un et l'autre à l'UE. Les incidents de ce genre se multiplièrent au cours des premières semaines. À cette époque, j'en étais presque arrivé à douter de notre capacité à trouver des ressources morales pour surmonter cette poussée de chacun pour soi. Dans ces moments-là, la lecture de textes, comme *La Tour de Babel* de Stefan Zweig[1], permet de ne pas perdre totalement la foi dans ce que nous avons réussi à construire jusque-là. Dans cet essai, l'écrivain autrichien explique la guerre et le saccage de l'esprit européen en cours d'édification par la colère divine. Avec la calamité de la Covid-19, j'ai vraiment eu cette impression : « *C'est le terrible moment que nous vivons aujourd'hui. La nouvelle Tour de Babel, le grand monument à l'unité spirituelle de l'Europe est en ruine, ses ouvriers se sont sauvés. Ses créneaux tiennent encore, son parallélépipède invisible se dresse encore au-dessus du monde troublé,*

1. *Essais*, Le Livre de poche, 1996.

mais sans l'effort commun pour l'entretenir et la poursuivre, elle tombera dans l'oubli. »

Il ajoutait dans cet essai de 1916, qui marqua un tournant dans son engagement personnel, avec son détachement de l'orientation pro-allemande pour une approche pacifiste et universaliste : « *Nous devons cependant revenir sur le chantier, chacun à l'endroit où il l'a abandonné, au moment où s'abattait la confusion.* » À la lumière de cette dernière citation et après cette séquence cauchemardesque de désintérêt des gouvernements pour leurs voisins, la réaction de la Commission européenne m'a rassuré, car elle rappelait fermement chacun de ses membres à retrouver la raison. Ursula von der Leyen a alors publiquement regretté que « *les États membres empêchent les équipements de protection médicale d'arriver jusqu'aux patients et médecins qui en ont besoin, en ces temps où la solidarité est nécessaire* ». Elle a par ailleurs rejeté le décret de réquisition français ainsi que l'interdiction d'exportation allemande, estimant que cela mettait l'Europe en péril.

Bruxelles manifestait ainsi sa volonté de ne pas laisser la crise sanitaire mettre l'Europe à genou. Cela a aussi permis d'accélérer la perception de la nécessité d'agir collectivement pour redonner à l'UE des outils industriels sans lesquels il est au fond difficile d'exister. Comme l'écrivait déjà en 1967 Jean-Jacques Servan-Schreiber en évoquant le défi américain : « *Ce qui compte avant tout, c'est l'industrie.* » Jusqu'à l'épidémie de la Covid-19, il semble que les Européens n'avaient pas tout à fait compris le message. La part de l'UE dans le PIB mondial ne cesse de baisser. Selon Statista, elle se situe en 2022 à 14,8 %, bien loin des 25,9 % de 2010. Bien sûr, le retrait du Royaume-Uni accroît le recul, mais la tendance baissière est bel et bien là et doit nous interroger sur le phénomène de désindustrialisation qui en est le moteur. C'est surtout en France que le phénomène a été le plus notable. L'économiste Elie Cohen a bien résumé le cas français dans un article paru sur le site Vie-publique.fr en janvier 2022. « *C'est la France qui a décroché notamment parce qu'elle n'a pas tiré les conséquences macroéconomiques de son passage à l'euro. L'Hexagone réussit moins bien que les pays de l'Europe du Sud dont la compétitivité coût est meilleure que la sienne, moins bien que les pays d'Europe centrale et orientale (Peco) qui, forts de leurs atouts en capital humain et de leur proximité avec l'Allemagne, ont une stratégie de pays émergents. La France est également en retrait par rapport à l'Allemagne et aux pays nordiques qui, grâce à leurs efforts de recherche et développement (R&D) et de montée en gamme, ont amélioré leur compétitivité hors coût* », résume-t-il.

Dans ces conditions, il était difficile de résister au choc de la pandémie. D'où la réaction du ministre de l'Économie, Bruno Le Maire, qui appelle à repenser la mondialisation, qualifiant la dépendance de l'Europe d'*« irresponsable et de déraisonnable »*.

On ne peut pas nier que la manière dont l'économie internationale s'est développée au cours des trois dernières décennies a permis de nombreuses avancées, notamment l'émergence de nouveaux acteurs internationaux, mais il faut aussi reconnaître que nous avons manqué de clairvoyance sur les conséquences d'une interdépendance croissante qui n'a pas apporté que du bonheur. Comme toujours, une crise d'une ampleur aussi grande que la pandémie amène les responsables politiques à se positionner et à chercher des réponses pour rassurer, mais pas forcément à se poser les bonnes questions sur la stratégie à adopter risquant ainsi de remettre en cause les acquis de la mondialisation et de créer de nouveaux déséquilibres. Il est vrai que la marge de manœuvre est étroite, surtout en période critique. *« L'aveuglement face à la crise en cours tient à la conception linéaire et quasi mécaniste du devenir, à la croyance que le futur est prédictible, à l'ignorance du travail souterrain à l'œuvre sous la surface du présent. En se fiant au calcul, on anesthésie sans cesse l'imprévu, lequel ignore le non-calculable de nos vies et de nos sentiments »*, écrit avec justesse Edgar Morin dans *Réveillons-nous*[1]. Je crois en effet que l'on retrouve ce que l'intellectuel français décrit si bien dans la plupart des discours de nos dirigeants après la prise de conscience de notre décrochage industriel. Ces derniers devraient au contraire laisser libre cours à leur instinct, comme le propose le philosophe François Jullien dans son *Traité de l'efficacité*[2] : *« Ne s'immobilisant dans aucun plan, ne s'enlisant dans aucun projet, sa stratégie est sans fond. "Insondable" pour les autres, "inépuisable" pour lui. »* Autrement dit, et pour reprendre le concept de *« l'écologie de l'action »* développé par Edgar Morin, il faut penser à son action et à ses conséquences sans craindre les effets négatifs.

Voilà pourquoi je m'oppose à toutes les idées vers lesquelles se sont rués les hommes politiques et qui ont pour dénominateur commun de commencer par le préfixe « dé » : démondialisation, décroissance, déconsommation ou déproduction. À mes yeux, ces concepts consistent à nier les effets positifs du développement et à favoriser un grand bond en arrière qui empêchera des populations, qui elles aussi ont droit à leur part de richesse, de sortir de la pauvreté. Cela ne signifie pas pour autant

1. Éditions Denoël, 2022.
2. Op. cit., Grasset, 1997.

qu'il ne faille pas corriger les dérives du système actuel, mais les corrections doivent être liées à des innovations et non à des reculades. Jusqu'à présent, nous n'avons pas réussi à élaborer de nouveaux modèles parce que nous manquons de confiance en nous. Nous préférons le repli sur soi plutôt que l'ouverture, ce qui est paradoxal dans un monde où tout est lié « *par une explosion de flux et de réseaux, impliquant tant les marchandises que les services, les capitaux que les hommes, les travailleurs que les touristes. Espace et temps se contractent massivement. Tout s'interpénètre, se distord et se brouille : villes enchevêtrant gratte-ciels et bidonvilles ; campagnes connectées aux portables mais submergées par les déchets ; territoires longtemps protégés par leur éloignement ou leur nature (déserts, forêts tropicales, îles, océans, pôles...), désormais pénétrés et contaminés par les pollutions ou les modes ; vie dite civilisée et vie dite sauvage se rencontrant, avec de redoutables métissages entre espèces apprivoisées et espèces non domesticables...* » comme le note très bien le politologue Philippe Moreau Defarges[1]. Dans ce contexte, la réponse doit donc être collective, car l'évolution de notre monde interconnecté ne permet plus de réponses individuelles qui, si elles sont dominantes, finissent par mener

1. *Politique étrangère,* Institut français des relations internationales, automne 2020.

à la confrontation plutôt qu'à la conciliation. À ce propos, les paroles prononcées par le pape François lors de l'audience accordée, début décembre 2022, à l'association Leaders pour la paix résonnent encore en moi. *« Être un leader pour la paix est une grande responsabilité… Nous avons pris conscience que la famille humaine menacée par la guerre court un danger plus grand encore : le manque de volonté de construire la paix »*, nous a-t-il confié. Aussi la prise de conscience de nos faiblesses, en particulier dans un domaine aussi fondamental que l'industrie, exige des réponses autrement plus élaborées que le retour à la souveraineté, devenue un terme à la mode.

À mes yeux, la seule souveraineté possible est celle qui s'applique à l'individu, telle que Victor Hugo l'a définie dans *Les Misérables* : *« Au point de vue politique, il n'y a qu'un seul principe, la souveraineté de l'homme sur lui-même. Cette souveraineté de moi sur moi s'appelle Liberté. »* Lorsqu'elle s'étend à la nation, la notion devient plus difficile à défendre, car elle est souvent interprétée comme la nécessité de fermeture et de repli. J'y vois une certaine monstruosité dans la mesure où l'enfermement mène à la guerre. Il est donc indispensable de la tempérer sous peine de multiplication des confrontations. L'expression « souveraineté nationale », déjà installée dans l'espace politique et médiatique avant la crise sanitaire, s'est imposée depuis dans les discours de nos dirigeants comme une formule magique susceptible de régler tous nos problèmes. Cela consiste à distribuer un peu d'illusion pour tenter de séduire un public de moins en moins confiant dans la capacité de ses dirigeants à le protéger. « *Des conceptions comme la souveraineté des États et l'égalité souveraine ne sont que des idéologies qui symbolisent et camouflent certaines réalités. Des expressions de ce genre sont dangereuses. Elles entretiennent l'illusion que tout ce qu'il y a à faire pour remédier à la situation, c'est de modifier radicalement la superstructure légale dont elles font partie* », écrivait déjà Georg Schwarzenberger, dans *Politique Etrangère,* en mai 1949. Ces propos sont d'autant plus d'actualité qu'aucune souveraineté nationale totale ne peut répondre à des problèmes globaux tels que le terrorisme ou le réchauffement climatique. Aussi les revendications de certains, parfois reprises par des gouvernements en panne d'idées, appelant à une souveraineté idéalisée matérialisée par l'édification de barrières pour tenter de récupérer une part d'autorité, me paraissent porteuses de dangers car elles ne prennent pas en compte la complexité du monde. Ce constat souligne la dérive actuelle de nos sociétés vers la simplification et le manichéisme, comme je l'ai déjà évoqué. « *Le manichéisme est le penchant psychologique qui pousse chacun à catégoriser les éléments du monde où il vit en deux ordres clairement distingués : les bons et les mauvais. C'est noir ou c'est blanc. Il n'y a plus de nuances. Ce procédé divise le monde en deux. Ainsi le travail psychique est simplifié. C'est réducteur mais efficace* », rappelle le psychiatre Patrick Clervoy[1].

À force de vouloir tout réduire en une simple équation, le discours politique a favorisé l'émergence de certaines formes de violence chez des populations qui attendent désormais que la réponse à leurs difficultés soit aussi simple que les énoncés du problème. L'acceptabilité et la banalisation de la violence sont le résultat du discours politique réducteur toujours prompt à évoquer la souveraineté nationale pour éviter de se remettre en question. Il est vrai que la mondialisation a été source de mutations rapides et parfois traumatisantes pour certains pans de la population, dans la mesure où elle n'a été ni expliquée ni accompagnée comme nécessaire. Dès lors, un choc aussi puissant que la pandémie, qui a mis en lumière les conséquences d'une politique mal maîtrisée, ne peut que donner lieu à des réponses elles aussi mal préparées et simplistes. « *L'idée selon laquelle un État peut, à lui seul à l'échelle nationale, régler un*

1. « Le manichéisme : un prêt-à-penser », *Inflexions* n°14.

problème global s'appuie sur une vision moderne, voire prémoderne de la souveraineté alors que le sens postmoderne prend en compte la nécessité de la coopération et de l'intégration pour faire face à des problèmes dépassant largement le cadre national », rappelait la Fondation Robert Schuman, en 2016[1].

Il ne faut donc pas se tromper de combat. Un dirigeant politique clairvoyant ne doit pas accepter de se laisser entraîner dans une spirale rétrograde qui consiste à revenir à une situation dont on connaît les effets néfastes. Au XXe siècle, deux guerres mondiales ont laissé derrière elles des millions de morts et la misère. Par ailleurs, les rapports du monde ont évolué ces dernières années avec l'émergence et l'affirmation de nouvelles puissances qui réduisent ou vont réduire la part d'influence des « petits » États européens. Je ne vais pas évoquer à nouveau la Chine ou l'Inde, dont on commence à mesurer le poids dans les affaires mondiales, mais je pense à plus long terme à une dynamique de l'Afrique liée en grande partie à la jeunesse de sa population face aux pays grisonnants que nous deviendrons. Je crois qu'il faut aller au-delà des problèmes importants dont les médias témoignent souvent et partage ainsi les propos

1. Conférence « L'Europe et la souveraineté : réalités, limites et perspectives », Questions Europe 410.

de Pascal Lorot, président de l'Institut Choiseul, selon lequel « *longtemps perçue comme un continent concentrant tous les maux de la planète, l'Afrique est désormais synonyme de conquête et d'innovation. Un dynamisme et un optimisme qui contrastent avec la peur de l'avenir et le sentiment de déclin, qui gagnent trop de décideurs français et européens*[1]. »

Dès lors, il est indispensable que l'Europe en tant que bloc soit suffisamment forte pour défendre mais surtout faire avancer ses valeurs. En écrivant ces lignes, je songe à la devise de l'Union européenne, « *Unie dans la diversité* », qui, dit-on, « *caractérise la manière dont les Européens se sont rassemblés pour œuvrer en faveur de la paix et de la prospérité, s'enrichissant ainsi des diverses cultures, traditions et langues du continent* ». Dans la perspective du passé récent, elle a été malmenée, et c'est bien regrettable. Le Brexit est sans doute l'exemple le plus évident de la fragilisation de l'esprit européen au nom d'une soi-disant souveraineté nationale. Mais à y regarder de plus près et à bien observer la manière dont nos voisins britanniques organisent leur stratégie depuis leur sortie de l'UE, il est clair qu'ils ont choisi de s'arrimer aux États-Unis pour ne pas disparaître totalement du radar. L'AUKUS et son imposant soutien financier

1. *Le Point Afrique*, 22 novembre 2021.

et logistique à l'Ukraine permettent de saisir la trajectoire logique du Royaume-Uni. J'ai encore en tête les propos de mon homologue Tony Blair, à l'époque où j'étais Premier ministre, qui avait déclaré devant ses ambassadeurs, en janvier 2003 : *« Nous sommes les alliés des États-Unis non pas parce qu'ils sont puissants mais parce que nous partageons les mêmes valeurs. »* Quelques semaines plus tard, alors que la France s'était opposée à l'intervention américaine en Irak, Londres s'est positionné comme le principal allié des États-Unis dans cette *« coalition des volontaires »* contre le régime de Saddam Hussein voulue par Washington. Que les électeurs britanniques aient choisi de quitter l'Europe correspond à un choix démocratique, et au fond à l'expression de cette souveraineté hugolienne dont j'ai parlé plus haut ; je n'ai rien à y redire (seulement à le regretter). Après tout, la sortie du Royaume-Uni est une leçon pour les autres membres de l'UE qui doivent prendre leurs responsabilités face aux autres et accepter sans réserve le principe de véritable communauté de destin. Il est évident que ce stade n'est pas encore atteint. La réaction des uns et des autres pendant la pandémie en a témoigné. Le manque de réflexes solidaires entre États européens est venu s'ajouter à d'autres épreuves vécues antérieurement. Je pense aux traces que cela laissera, car ce qui était alors en jeu n'était pas une question abstraite, mais la vie humaine. Je veux bien que les dirigeants croient que l'accord budgétaire du 21 juillet 2020 portant sur l'endettement commun de l'Union représente une avancée majeure pour l'Europe, la plus importante depuis l'euro. Toutefois, cela n'a pas fait reculer le discours antieuropéen bien ancré dans certaines parties de l'opinion publique ni empêché de nourrir les exposés sur la souveraineté nationale.

Voilà pourquoi la seule souveraineté qualifiée que je revendique est la « souveraineté solidaire », dans la mesure où elle remet l'humain au cœur du dispositif européen. C'est l'un des échecs les plus patents de l'Europe aujourd'hui d'avoir oublié le peuple de l'Europe dans sa construction au point de favoriser la poussée du populisme et du nationalisme qui, à leur tour, débouchent sur la confrontation. Stefan Zweig y fait référence lorsqu'il écrit dans *La Tour de Babel : « Parce qu'ils ne se comprenaient pas, ils se mirent en colère les uns contre les autres. De nouveau ils jetèrent leurs instruments de travail et s'en servirent les uns contre les autres comme des armes, les érudits se servirent de leur savoir, les techniciens de leurs découvertes, les poètes de leurs mots, les prêtres de leur foi, tout ce qui autrefois avait servi à l'œuvre de vie se transforma en armes mortelles. »* Par conséquent, il est indispensable de s'assurer que l'Europe retrouve le réflexe de protéger l'ensemble de ses membres, c'est-à-dire de trouver les moyens pour qu'elle reste soudée, afin de répondre aux dangers de tous ordres dont les sources sont principalement extérieures. Si les Européens ne se sentent pas à l'abri de ces menaces, l'UE pourra certes continuer à exister en tant que machine institutionnelle, mais elle perdra sa raison d'être telle qu'elle est exprimée par sa devise. Pour y parvenir, l'essentiel consiste d'abord à déterminer nos faiblesses et surtout, ensuite, à y apporter des solutions.

Posséder le temps

Il y a quelques décennies, certains pointaient déjà du doigt le retard de l'Europe sur le Japon. Au début des années 1970, le Belge Étienne Davignon avait invité les Européens à repenser leur système productif en raison d'une compétitivité en recul, d'une faiblesse de l'effort de recherche, de la fragmentation du marché européen et de l'existence d'obstacles réglementaires. Les années suivantes montreront qu'il avait raison. Les Américains, les Japonais, aujourd'hui les Chinois et demain les Indiens ont fait la démonstration de leur meilleur sens de l'adaptation et de leur capacité à innover au moment opportun. Ce n'est pas que l'Europe ne se soit pas mobilisée pour répondre aux failles repérées dans le rapport Davignon. Une politique industrielle européenne a bien vu le jour, et elle s'est exprimée sous la forme de nombreux projets qui ont pour la plupart été oubliés (voire jamais connus) en raison de leurs échecs. Le programme Davignon, avec les projets technologiques Esprit et Race, le chapitre industriel du traité de Maastricht adopté en 1992, la stratégie de Lisbonne de 2000, les programmes de nanotechnologie, le projet d'Europe numérique 2015 ou encore celui de « l'Airbus des batteries » montrent qu'au fil du temps, les Européens ont consacré des moyens à la consolidation ou à la création de secteurs industriels, sans que cela suffise à empêcher notre dépendance.

Cela prouve la nécessité de donner une dimension humaine à ce type de projets, c'est-à-dire de sortir d'une logique institutionnelle et impersonnelle pour développer des stratégies qui tiennent compte des réalités. L'économiste Elie Cohen a raison quand il écrit que *« les réussites européennes, telles que Airbus, Ariane, le Global System for Mobile Communications (GSM), ne doivent rien à l'Union et tout aux coopérations entre États autour de champions nationaux. Le pari fait sur les réformes structurelles, les politiques de désinflation compétitive… n'ont pas eu les vertus attendues en matière de spécialisation. C'est à reculons que l'Union s'engage dans des politiques industrielles actives, mais son mode de fonctionnement reste celui de l'intégration négative. Tandis que l'intégration positive implique l'harmonisation et/ou l'adoption de règles communes, l'intégration négative s'opère par l'ouverture des marchés et la suppression des obstacles aux échanges*[1]. »

Malgré ces échecs ou semi-échecs, il semble que nous n'ayons pas changé d'attitude et qu'au lieu de nous mobiliser pour des projets industriels ou post-industriels (compte tenu des exigences climatiques) de l'avenir, nous cherchons seulement à « répondre » aux défis du moment. Nous sommes toujours coincés dans la logique de la réaction plutôt que celle de l'action. Le temps est un bien qu'il faut maîtriser, posséder pour qu'il ne nous échappe pas. Il est plus simple de maîtriser le temps long ! Le réveil européen ne peut exister que si nous choisissons d'anticiper, de nous projeter. Aujourd'hui, le mot d'ordre est la « souveraineté européenne », réponse à la montée des « souverainetés nationales » en vogue au sein de l'UE et à la menace chinoise. Cela s'est notamment traduit par les Projets importants d'intérêt européen

1. Parole d'expert : « La réindustrialisation par l'Europe ? », paru le 28 janvier 2022 sur vie-publique.fr.

commun (PIIEC), programmes technologiques coopératifs destinés à faire jeu égal avec la Chine. Mais cette dernière est déjà entrée dans une dynamique à long terme face à laquelle la réponse européenne est insuffisante, et surtout dévoreuse de fonds et d'énergie. Avec l'Initiative Une ceinture et une route (Belt and Road Initiative, BRI), plus connue sous le nom de Nouvelles routes de la soie, ou son plan baptisé *Made in China 2025* à partir duquel elle entend construire sa domination dans dix secteurs jugés déterminants pour son avenir (technologies de l'information de la prochaine génération, robotique, aérospatial, technologies navales de pointe, ferroviaire, véhicules durables, énergie, matériel agricole, nouveaux matériaux et biomédecine), la Chine a fait montre de sa détermination à jouer les premiers rôles. En nous contentant de sélectionner les investissements chinois que nous autorisons et en demandant la réciprocité à Pékin sur les marchés publics, nous n'avons pas fait comprendre aux Chinois que nous étions des rivaux vraiment sérieux. D'autant moins que la Commission européenne a refusé la fusion Siemens-Alstom en 2019, illustrant si besoin était son manque de réalisme quant à la concurrence avec des géants chinois comme China Railroad Rolling Stock Corporation (CRRC). Estimant que « *CRRC réalise 90 % de son chiffre d'affaires en Chine* » et qu'il « *n'y a aucune perspective d'entrée des Chinois en Europe dans un avenir prévisible* », la Commission européenne a rejeté le dossier. L'expression « *avenir prévisible* » dénote aussi l'absence de vision des dirigeants européens. C'est peut-être le plus troublant, car cela incite certains des membres de l'UE, comme le Portugal et la Grèce, à céder à la Chine des actifs cruciaux. Pour sortir de cette impasse, il est indispensable de procéder à une véritable remise à plat de notre rapport au temps.

Comme le note Jacques Attali dans *Histoires du temps*[1] : « *La mesure du temps change avec l'ordre social et avec le rapport au monde.* » Dans nos sociétés occidentales où nous avons fini, pendant une certaine période, par canaliser la violence et la circonscrire à des circonstances déterminées, nous avons laissé filer le temps, estimant que celui-ci n'avait plus besoin d'être encadré. Progressivement, nous avons abandonné sa maîtrise, la laissant aux d'algorithmes contrôlés par des superordinateurs ultra puissants dont la vitesse de calcul est la nanoseconde. C'est évidemment un symbole de développement, mais c'est aussi l'expression d'un profond bouleversement de notre façon d'apprécier le temps et de nous projeter dans l'avenir. Nous avons renoncé aux visions d'avenir à long terme

1. Fayard, 1982.

pour privilégier des approches court-termistes qui ont pour vocation de répondre aux urgences, de plus en plus nombreuses puisque notre capacité à anticiper est réduite, faute de moyens de projection. L'impression des Occidentaux, après l'effondrement du système soviétique à la fin des années 1980, d'avoir réussi à imposer le modèle de la démocratie libérale a accéléré le phénomène au point qu'en France, par exemple, on finira par renoncer aux « plans » qui, ne l'oublions pas, ont largement contribué à la modernisation de notre pays. Les grands plans des années 1960 sont à l'origine des plus grandes innovations industrielles, du développement de la filière nucléaire à Airbus en passant par le Concorde et le TGV, et des stratégies d'aménagement du territoire. Au-delà de l'ambition technologique qu'ils incarnaient, ces projets étaient établis sur une durée qui dépassait un autre temps court, celui de la politique, parce que, peut-être à cette époque, les dirigeants avaient une autre conception de leur place dans l'Histoire. C'est évidemment lié à notre rapport au temps. Dans notre pays, cela finira par la dissolution du Commissariat au plan en 2005 et de la très utile Datar (Délégation à l'aménagement du territoire et à l'action régionale). Quinze ans plus tard, Emmanuel Macron est revenu sur cette décision en créant le Haut-Commissariat au Plan dont il a confié la direction à François Bayrou. « *Chargée d'animer et de coordonner les travaux de planification et de réflexion prospective conduits pour le compte de l'État et d'éclairer les choix des pouvoirs publics au regard des enjeux démographiques, économiques, sociaux, environnementaux, sanitaires, technologiques et culturels*[1] », cette nouvelle structure fleure bon le passé, mais elle évolue dans un univers où l'on ne tient plus compte de la projection dans le temps.

Nous nous distinguons ainsi des Chinois qui, en dépit d'un niveau de développement proche de l'Occident, continuent de concevoir des plans à long terme inscrits dans une vision ambitieuse. Celle de l'actuel dirigeant chinois est « *la communauté de destin de l'humanité* ». C'est toujours du marxisme, mais la politique est protégée dans le temps. Elle est donc planétaire et nourrit de nombreux projets ambitieux comme les Nouvelles routes de la soie. En d'autres termes, bien qu'il ait manifesté son désir de rester à la tête du pays après ses deux premiers mandats et choisi les lumières du leadership pour affirmer son pouvoir, à la différence de ses prédécesseurs Deng Xiaoping, Jiang Zemin et Hu Jintao, plus discrets, Xi Jinping place son projet, je pense,

1. Article 1er du décret n° 2220 1101 du 1er sept. 2020, https://www.gouvernement.fr/haut-commissariat-au-plan/presentation.

au-delà de sa personne et l'inscrit dans un temps long. Ce temps long que la Chine privilégie souvent, contrairement à la France dont le plan « France 2030 » n'est qu'une *« réponse aux grands défis de notre temps »*, pour reprendre l'expression utilisée dans la présentation officielle. Cela manque de perspective, donc d'ambition réelle. Il en faut plus pour réveiller la France et entraîner les Français dans une nouvelle dynamique. Pourtant Emmanuel Macron se montre désireux de retrouver une maîtrise du temps. Dans un entretien sur France 2, en décembre 2017, il avait déclaré : *« Le rapport au temps est une question plus large qui m'a toujours obsédé. Je pense qu'on ne s'engage pas en politique si l'on n'a pas un certain rapport au temps.* [...] *On a une fonction à la fois symbolique d'impulsion, de gardien du temps et donc des accélérations nécessaires. »* La question du contrôle du temps est donc cruciale.

Pendant de longs siècles, jusqu'au milieu du XIXe siècle, l'Europe a maîtrisé et imposé ses règles au reste de la planète (du moins dans ses zones d'influence). Depuis cette époque, c'est l'Amérique qui a pris la direction. *« Le développement du marché de masse, l'adoption simultanée de nouvelles méthodes de communication, l'absence d'héritage des temps antérieurs permettent, là plus qu'ailleurs, à la mécanisation du temps de progresser »*, rappelle Jacques Attali dans *Histoires du temps*[1]. Aujourd'hui encore, le monde vit au rythme des États-Unis, mais cette réalité est de plus en plus contestée. Dans leur ouvrage *Il est midi à Pékin*[2], Éric Chol et Gilles Fontaine notent que depuis 1949, quand il est midi à Pékin, il est midi dans toute la Chine, mais surtout que « *soixante-dix ans plus tard, l'heure de Pékin sonne toujours pour la Chine ; mais elle donne désormais le tempo au reste du monde* ». La certitude est que les Européens ont laissé passer le temps et perdu la main, ce qui les oblige à se mettre désormais au diapason des autres, je l'ai déjà écrit, mais aussi à vivre au rythme de la réaction plutôt que de l'anticipation. Il est intéressant de relever qu'en 2011, Emmanuel Macron s'était interrogé, dans un article paru dans la revue *Esprit*, sur la temporalité du politique. Il avait expliqué qu'elle était écartelée entre « *le temps long qui condamne à la procrastination ou l'incantation, et le temps court qui appelle l'urgence imparfaite et insuffisante*[3] ». Cette réflexion met en évidence, une fois de plus, sa compréhension des enjeux auxquels nous faisons face, d'autant que dans une interview télévisée, six ans plus tard, il met l'accent sur un rapport au temps : « *Il*

1. Op. cit., Fayard, 1982.
2. Fayard, 2019.
3. « Les labyrinthes du politique. Que peut-on attendre pour 2012 et après ? », *Esprit*, mars-avril 2011.

y a un rapport entre la parole politique et le temps politique. » On ne peut pas lui reprocher de faire de mauvais diagnostics, mais en France l'intendance a toujours du mal à suivre. On ne propose pas d'alternative. L'idée du Conseil national de la refondation apparaissait particulièrement pertinente, parce qu'elle s'adresse par nécessité au temps long. Mais les premières initiatives ne semblent pas dépasser le cadre restreint de la politique, comme l'illustre le choix d'appeler à sa tête la génération « sortante » en nommant François Bayrou.

Aujourd'hui, le manque d'ambition du projet de refondation risque d'être la marque décevante de ce second quinquennat.

Il y a urgence, car l'ordre social connaît de sérieux soubresauts dans nos sociétés occidentalisées où les gouvernements sont contestés par le recours à la violence. Or, avoir du pouvoir et l'exercer, c'est contrôler le temps des autres et le sien propre, le temps du présent et celui de l'avenir, le temps passé et celui des mythes. De ce point de vue, l'Europe est aujourd'hui dépassée. Elle n'est pas parvenue à transformer l'espoir dont elle était porteuse lors de la chute des régimes communistes, et surtout elle a fini par donner le sentiment que le moteur européen était en panne et que l'idée même de notre union était contestée dans ses fondements.

Les exemples sont nombreux et nous en sommes arrivés à des situations de bras de fer entre l'UE et certains de ses membres, comme la Hongrie. Cela ne favorise ni la cohésion ni l'impression de puissance indispensables pour se mesurer aux deux géants de la planète, qui ont leur plan de marche, et aux forces en devenir qui ne cachent pas leurs ambitions, parfois de façon brutale.

L'esprit d'indépendance

Après la crise sanitaire, la guerre en Ukraine menée par la Russie constitue l'autre révélateur de la dépendance européenne. *« Je dois être très honnête, cruellement honnête avec vous, l'Europe n'est pas assez forte en ce moment »*, a reconnu, début décembre 2022, la Première ministre finlandaise Sanna Marin lors d'une intervention au Lowy Institute, à Sydney, en Australie. Elle a ajouté que *« nous devons nous assurer que nous développons également ces capacités en ce qui concerne la défense européenne, l'industrie européenne de la défense, et que nous pouvons faire face à différents types de situations »*. Il est intéressant que ces propos soient ceux de la dirigeante du dernier pays européen, avec la Suède, à avoir rejoint l'Otan, organisation militaire sous contrôle américain. Ils soulignent la difficulté de l'Europe à défendre *« le continent de la paix »* qu'elle incarnait et à gérer sa relation avec son voisin russe, tout comme sa dépendance à l'égard des États-Unis pour sa sécurité. Enfin, ils posent la question de sa capacité à sortir de cette séquence de confrontation avec la Russie et à reconstruire une relation avec elle. La défense de l'Europe reste entre les mains de l'Otan. L'Europe n'est pas encore capable d'assumer la souveraineté, voire l'autonomie, qu'elle revendique parfois. Ceci au grand soulagement de certains de ses membres, convaincus que seule l'Otan peut assurer leur protection. Celle-ci a été ramenée à son rôle fondamental, à savoir la défense de l'espace euro-atlantique. La question est de savoir comment les Européens vont pouvoir sortir de cette situation qui, en temps de paix, ne posait de problème qu'à ceux qui pensaient que l'Europe ne pourrait pas s'affirmer sans une défense européenne digne de nom.

Il faut convenir que l'invasion de l'Ukraine a permis de confirmer l'hégémonie américaine. L'ordre mondial ouvert et libéral actuel a été construit au lendemain de la Seconde Guerre mondiale et s'est développé après l'effondrement de l'Union soviétique. Il est intrinsèquement dirigé par les États-Unis et intrinsèquement, il assure leur emprise militaire sur l'Europe. L'objectif de cette grande stratégie américaine était d'empêcher toute autre puissance de dominer la région et de se retourner contre les États-Unis et leurs alliés. Elle servait également à apaiser des rivalités régionales jusque-là inextricables et à prévenir de nouvelles guerres. Dean Acheson, George Marshall et les autres dirigeants américains ont poursuivi cette stratégie parce qu'ils avaient appris, à un coût inimaginable, que l'isolationnisme américain n'était qu'un fantasme. Ils ont été les architectes d'une construction sécuritaire qui, par définition, visait à défendre leur principal intérêt, celui de ne pas envoyer à nouveau des centaines de milliers de soldats mourir sur des théâtres d'opération européens. Cela a plutôt bien fonctionné pendant plus de soixante-quinze ans et a été en grande partie accepté par les Européens eux-mêmes qui, après deux grands bains de sang au XXe siècle, rêvaient de paix.

Bon an mal an, cet ordre des choses a été maintenu jusqu'au milieu des années 2000, lorsque la Chine a commencé à être perçue comme une menace par les États-Unis. C'est à partir de là que Washington a eu besoin de rassembler derrière lui l'ensemble de ses alliés. Si les Asiatiques – Japon et Australie en tête –, en première ligne face à Pékin, se sont aisément laissé convaincre, les Européens, eux, ont été plus lents à la détente et n'ont pas toujours fait preuve de cohésion dans ce domaine. C'est particulièrement vrai pour les pays d'Europe orientale, dont nous avons vu qu'ils pouvaient se montrer ouverts aux offres chinoises. Mais l'enjeu face aux Chinois est crucial pour les Américains, car il s'agit ni plus ni moins de la pérennité de l'ordre établi après 1945. Or, rien ne pouvait mieux assurer l'engagement des Européens à leurs côtés que la résurgence de la menace russe. Et rien n'était plus facile dès lors que, sous la direction de Vladimir Poutine, la Russie cherchait à rétablir l'empire russe tsariste, comme l'a bien expliqué Niall Ferguson dans *The Spectator* du 26 février 2022.

Ainsi, le nouveau maître de la Russie s'inspirerait de son héros Pierre le Grand, qui voulait « *faire de la Russie une grande puissance européenne, capable d'égaler des pays comme l'Autriche, la Grande-Bretagne, la Prusse et la France, tant sur le plan de la puissance militaire que sur celui des fondements économiques et bureaucratiques sur lesquels elle repose* ». C'est précisément parce que « *la Russie de Poutine est redevenue une grande puissance qu'il a pu mener et gagner des guerres en Géorgie, en Ukraine et en Syrie. C'est pourquoi il est aujourd'hui en mesure d'envahir l'Ukraine à grande échelle* », ajoutait l'historien britannique. Dès lors, les États-Unis ont tout à fait raison d'affirmer que la guerre russe en Ukraine constitue « *la plus grande menace pour l'ordre mondial »,* mais lorsqu'ils ajoutent que ce conflit n'a pas été provoqué, les avis divergent. John Mearsheimer, professeur à l'université de Chicago, s'est exprimé à ce sujet à plusieurs reprises. Dans un texte publié par *The Economist* en mars 2022, ce spécialiste des relations internationales, représentant de l'école de pensée réaliste, est très clair : *« Il ne fait aucun doute que Vladimir Poutine a déclenché la guerre et est responsable de la façon dont elle est menée. Mais pourquoi il l'a fait est une autre question. Le point de vue dominant en Occident est qu'il est un agresseur irrationnel, hors de portée (...). Il est donc le seul à porter l'entière responsabilité de la crise ukrainienne. Mais cette histoire est fausse. L'Occident, l'Amérique en particulier, est le principal responsable de la crise qui a débuté en février 2014*[1]. » À ses yeux, les alliés de l'Amérique, en d'autres termes l'Europe, ont leur part dans les événements, car ils suivent largement l'exemple de Washington. Il fait notamment valoir que les États-Unis ont poussé à des politiques que Poutine considère depuis longtemps comme une menace existentielle pour son pays, à savoir l'expansion de l'Otan vers l'est et en Ukraine. Les Russes ont fait connaître leur point de vue à ce sujet à plusieurs reprises,

1. « John Mearsheimer on why the West is principally responsible for the Ukrainian crisis », *The Economist*, le 19 mars 2022.

pendant de nombreuses années, mais ont été ignorés. Si la vision de Mearsheimer ne fait pas l'unanimité aux États-Unis, et dans une Europe directement impactée par l'agression russe, elle est partagée par de nombreux autres pays. Encore une fois, il ne s'agit pas de nier la réalité de la responsabilité russe, mais il est important de prendre assez de recul pour voir que ce qui se joue dépasse le cadre purement européen. Ainsi, ne serait-ce que pour cette raison et afin d'être en mesure d'agir selon leurs intérêts et non ceux des autres, les Européens doivent reprendre leur défense en main.

Les paroles de Sanna Marin prononcées en Australie sont fortes et font écho à une prise de conscience chez d'autres responsables européens de la nécessité pour l'Europe de pouvoir se défendre et devenir un acteur stratégique autonome. Après la sidération, et l'urgence de faire bloc derrière les États-Unis, imposée par l'entrée des chars russes sur le sol ukrainien, plusieurs dirigeants ont évoqué la question de l'autonomie stratégique de l'Union européenne. Le chancelier allemand Olaf Scholz a appelé à une Union européenne plus forte, plus souveraine et géopolitique, ajoutant que l'Europe est notre avenir. Je ne peux que souscrire à de tels propos. Reste à savoir de quelle manière l'Europe est en mesure d'atteindre un tel objectif. L'Union européenne compte près de 450 millions d'habitants, un PIB de 18 000 milliards de dollars et une dépense de plus de 370 milliards de dollars en défense pour ses pays membres. Sur le papier, tout est possible et, sans doute, les dirigeants européens regardent ces chiffres et les comparent à ceux des autres grandes puissances, pour réfléchir aux moyens d'atteindre cette autonomie stratégique dont ils parlent abondamment depuis quelque temps.

Il faut d'abord se souvenir qu'au cours des trois dernières décennies, ce sujet était secondaire pour les Européens, convaincus que la chute du monde soviétique avait inauguré une longue période de paix. Les débats sur la sécurité et la défense en Europe portaient surtout sur des opérations extérieures, généralement associées au maintien de la paix, à la stabilisation et à la lutte contre le terrorisme dans des pays comme l'Afghanistan, l'Irak, en Afrique ou dans la région des Balkans. Les forces armées étaient considérées principalement comme un outil permettant de projeter la stabilité au-delà des territoires nationaux, européens ou de l'Otan, et en termes de combat de faible à moyenne intensité. Le retour de la guerre de haute intensité sur le sol européen et la possibilité d'une confrontation avec une puissance dotée de l'arme nucléaire font que la sécurité et la défense sont à nouveau pensées en termes de dissuasion et de défense territoriale.

L'augmentation des dépenses militaires décidée et annoncée par les différents gouvernements du continent témoigne d'un changement d'attitude. Six pays l'ont fait dans les premiers jours qui ont suivi l'invasion de l'Ukraine. L'Allemagne a été la première à prendre un virage à 180°. Quatre jours seulement après l'entrée des chars russes en territoire ukrainien, Olaf Scholz a engagé son gouvernement à gonfler le budget défense de 100 milliards d'euros pour la seule année 2022, le faisant passer de 1,53 % du PIB à plus de 2 %. C'est le chiffre recommandé par l'Otan, que seuls les États-Unis (3,74 %), la Grèce (3,82 %), la Croatie (2,79 %), le Royaume-Uni (2,29 %), l'Estonie (2,28 %), la Lettonie (2,27 %), la Pologne (2,10 %), la Lituanie (2,03 %), la Roumanie (2,02 %) et la France (2,01 %) ont atteint en 2021, selon les statistiques de l'Alliance. Si je me fie à une étude publiée en août 2022 par le Center for Strategic & International Studies (CSIS), « *les armées européennes ont perdu, au cours des deux dernières décennies, 35 % de leurs capacités. Pour prendre l'exemple de la marine, les pays européens disposaient de près de 200 grands navires de combat de surface et 129 sous-marins en 1990, mais de seulement 116 et 66, respectivement, en 2021. On considère que la puissance de combat en mer de l'Europe représente environ la moitié de ce qu'elle était au plus fort de la guerre froide.*

Bien que souvent justifiée par le fait que l'on privilégie la qualité de la haute technologie aux dépens de la quantité, la réduction de la "masse" opérationnelle reste préoccupante. Par exemple, la guerre en Ukraine suggère que les plateformes restent vulnérables dans une guerre de haute intensité. » Par ailleurs, comme on a pu le constater lors des opérations extérieures en Afghanistan, en Irak, en Libye et au Sahel, les forces armées européennes dépendent toujours du soutien des États-Unis pour des éléments essentiels tels que le ravitaillement en vol, le transport aérien stratégique et les capacités de reconnaissance et de renseignement. Tout cela confirme à la fois une certaine vulnérabilité et une réelle dépendance vis-à-vis de notre allié américain qui dispose d'un véritable levier de pression sur l'Europe, même s'il est aussi dans son intérêt d'éviter de trop contrarier les Européens.

En effet, Washington n'entend pas se concentrer sur l'Europe, dans la mesure où la zone Indopacifique reste sa priorité absolue. La stratégie de sécurité nationale approuvée par l'administration Biden le 12 octobre 2022 est claire sur ce point. Elle affirme l'émergence d'une « *nouvelle séquence de la politique étrangère américaine qui exigera davantage des États-Unis dans la région Indopacifique que ce qui leur a été demandé depuis la Seconde Guerre mondiale* », et ajoute qu'*« aucune région ne sera plus importante pour le monde et pour les Américains de tous les jours que cette zone »*. Ces propos devraient fortement indiquer aux Européens qu'ils doivent se ressaisir en matière de défense. Cela signifie aussi qu'ils doivent coordonner leur politique étrangère pour ne pas être perçus comme le service après-vente des États-Unis. C'est ce que le président chinois Xi Jinping a laissé entendre à Emmanuel Macron, lors de leur tête-à-tête en marge du sommet du G20, à Bali, en novembre. *« Le monde est entré dans une nouvelle période de bouleversements et de changements. En tant que forces importantes dans le monde multipolaire, la Chine, la France et l'Europe doivent adhérer à l'esprit d'indépendance, d'ouverture et de coopération »*, lui a-t-il déclaré.

Au fond, la situation à laquelle l'UE fait face en Ukraine et les changements intervenus dans les rapports mondiaux ne laissent aux Européens qu'une seule alternative : se reprendre en main ou être voués à une existence fantomatique sur la scène internationale. Le risque majeur est une déconstruction de l'Europe qui favorisera à long terme le retour des conflits que la construction européenne a justement permis d'empêcher. Doit-on rappeler que, pendant des siècles, l'Europe a été le pivot de la violence mondiale ? Elle a été la première exportatrice de violence dans le monde, le rythme et l'horreur du carnage augmentant chaque siècle avec les améliorations des technologies de la violence. Et pour finir, elle a été le théâtre de deux guerres mondiales. Même si nous nous sommes habitués à la paix entre nous, il faut souvent bien peu de choses pour rallumer les vieilles querelles. Les difficultés intérieures rencontrées par les différents gouvernements peuvent aussi favoriser les difficultés avec les voisins à qui l'on reproche de faire ceci ou de ne pas faire cela. Et puis, comme je l'ai rappelé, les crises majeures, à l'instar de la pandémie, sont de nature à raviver quelques réflexes ataviques comme l'égoïsme. Dans ces conditions, comme l'a bien rappelé Josep Borrell, le haut représentant de l'Union européenne pour les affaires étrangères et la politique de sécurité, les Européens doivent changer et comprendre qu'ils ne peuvent se comporter en herbivores dans un monde de carnivores. Ils doivent avoir la capacité de défendre leurs citoyens et leurs alliés, ce qui signifie disposer d'une technologie militaire avancée, de forces militaires adéquates et de la capacité politique d'agir avec assurance si nécessaire. Il reste à voir dans quelle mesure ils sont « armés » pour affronter un monde dominé par la rivalité interétatique, sans parler de la dissuasion des grandes puissances.

On se heurte ici à l'une des limites de la politique de sécurité et de défense commune de l'UE, surtout quand la réponse se traduit, comme aujourd'hui, par une augmentation individuelle des budgets de défense. Des cultures stratégiques différentes et des industries de défense concurrentes ont conduit les gouvernements européens à privilégier des solutions nationales au détriment des projets collectifs. Comme l'a récemment souligné l'Agence européenne de défense, en 2020, les pays de l'UE n'ont réalisé que 11 % du total de leurs achats d'équipements dans un cadre européen. Ce qui est bien inférieur aux 25 % de 2011 et bien loin de l'engagement des 35 % pris par les États membres en 2017. *« Ce manque d'achats conjoints a donné lieu à un paysage de défense fragmenté. Les forces armées européennes souffrent de redondances importantes, avec 29 types différents de destroyers, 17 types de chars de combat principaux et 20 types d'avions de chasse, contre quatre, un et six, respectivement, pour les États-Unis »*, note le CSIS dans son intéressant rapport. Celui-ci met également en avant le fait qu'en dépit de l'existence de programmes de développement communs, comme l'avion de transport militaire A400M, l'avion de combat Eurofighter et l'hélicoptère d'attaque Tigre, la rationalisation des capacités européennes ne s'est pas améliorée. Il explique qu'*«en raison d'exigences opérationnelles divergentes, l'hélicoptère Tigre a été développé en quatre modèles différents »*.

Cet exemple, comme celui du Système de combat aérien du futur (Scaf), montre que les pays membres n'ont pas réussi à dépasser cet égoïsme, que j'évoquais plus haut, qui contribue à limiter la mise en œuvre de programmes ambitieux, mais réalistes.

Le Scaf, projet de trois pays – la France, l'Allemagne et l'Espagne, associée plus tard –, est très intéressant de ce point de vue, car il résume bien l'état d'esprit des Européens. C'est en juillet 2017, à l'issue du premier Conseil des ministres franco-allemand avec Angela Merkel et Emmanuel Macron, nouvellement élu, qu'est lancée l'idée *« de développer un système de combat aérien européen, sous la direction de la France et de l'Allemagne, pour remplacer leurs flottes actuelles d'avions de combat sur le long terme »*. Cette annonce politique aurait pu marquer un vrai tournant si elle avait été précédée d'une véritable concertation industrielle sans laquelle le projet, aussi séduisant soit-il, n'avait aucune chance d'avancer. Par ailleurs, les différents besoins stratégiques des trois acteurs compliquent le dossier dont on a pu mesurer, à l'automne 2022, les difficultés à mettre en œuvre. Bien qu'un accord ait été trouvé, des spécialistes estiment que le Scaf devrait être abandonné à la fois pour faire des économies et pour éviter de se retrouver avec un appareil obsolète. Ce projet révèle au grand jour les limites de la coopération européenne sur un thème aussi sensible que la défense, dans la mesure où elle constitue une sorte de ligne rouge bien difficile à passer malgré des discours volontaristes.

Le vrai sujet est celui du leadership dans ce domaine, et c'est évidemment compliqué. Emmanuel Macron, lors de son discours sur la dissuasion nucléaire en février 2020, a résumé le dilemme. « *Fondement de toute communauté politique, la défense est au cœur de notre souveraineté.* [...] *Pour que la France soit à la hauteur de son ambition européenne, à la hauteur aussi de son histoire, elle doit rester souveraine ou décider elle-même, sans les subir, les transferts de souveraineté qu'elle consentirait, tout comme les coopérations contraignantes dans lesquelles elle s'engagerait* », a-t-il expliqué avant d'évoquer « *une véritable souveraineté française* ». Cela revient à affirmer que la France ne peut pas renoncer à un leadership dans ce domaine. Pourtant, les récentes déclarations de dirigeants allemands indiquent que notre voisin ne partage pas forcément cette vision. « *La taille de l'Allemagne, sa situation géographique, sa puissance économique – en bref, son influence – font de nous une puissance de premier plan, que nous le voulions ou non. Sur le plan militaire également* », a déclaré, en septembre 2022, alors ministre de la Défense allemande, Christine Lambrecht. « *L'Allemagne est prête à décharger l'Amérique et l'Europe et à contribuer ainsi de manière décisive à une répartition équitable des charges* », a-t-elle aussi expliqué. Des propos qui vont à l'encontre de l'approche du président français, pour qui « *les Européens doivent d'abord et avant tout définir ensemble ce que sont leurs intérêts de sécurité et décider souverainement de ce qui est bon pour l'Europe* ». Il pose encore le juste diagnostic lorsqu'il dit que « *la bonne utilisation de ces outils de souveraineté commune nécessite, d'abord et avant tout, bien évidemment des investissements, une politique industrielle, des standards de souveraineté, beaucoup plus forte et ambitieuse, mais aussi la construction d'une culture stratégique partagée, car notre incapacité à penser ensemble nos intérêts souverains et à agir ensemble de façon convaincante met chaque jour en cause notre crédibilité en tant qu'Européens. Elle offre aux autres puissances la possibilité de nous diviser, de nous affaiblir.* » Il faut désormais aller plus loin pour s'extraire de notre dépendance sécuritaire vis-à-vis des États-Unis et donner à l'Europe la possibilité de devenir une puissance d'équilibre. Le centre de gravité du monde ayant basculé vers l'Indopacifique, où les États-Unis entendent concentrer l'essentiel de leurs moyens, il est indispensable que les Européens recouvrent progressivement leur indépendance sur le plan de la sécurité. Cela ne signifie pas rompre nos liens historiques avec les Américains, mais affirmer une vision européenne qui prend d'abord en compte nos intérêts. Si l'on accepte l'idée souvent répétée que « *l'Europe n'avance que dans les crises* », la guerre en Ukraine en étant une majeure, elle devrait être le point de départ d'un nouvel élan, celui-ci pouvant s'exprimer à travers une défense commune concrète.

La perspective de voir l'UE se doter de sa propre force d'intervention indépendante a été évoquée plus d'une fois au niveau européen, mais elle n'a jamais vraiment vu le jour. C'est par là qu'il faut sans doute commencer, à petite échelle, sans chercher à bouleverser les choses ni remettre en cause les structures nationales. La création d'une force militaire centrale, véritablement européenne, donc supranationale, directement associée aux institutions européennes, c'est-à-dire la Commission, le Conseil et le Parlement européens, offre une alternative intéressante. Elle permet d'affirmer une volonté politique claire, de tester notre capacité à nous organiser dans ce domaine, ce qui n'est évidemment pas un luxe, et de préparer l'avenir, c'est-à-dire une armée plus grande et équipée avec du matériel développé ensemble. Il s'agit d'un projet qui s'inscrit dans le temps long, mais qui est suffisamment ambitieux pour susciter un élan commun. L'étape intermédiaire de la standardisation, nécessaire pour réaliser des économies d'échelle, devra être mise en œuvre au niveau de chaque État, mais cela nécessite des accords intergouvernementaux, qui sont toujours une question délicate, bien qu'essentielle. Comme nous l'avons vu, l'adoption de nouvelles technologies et de nouveaux instruments de défense avancés n'est pas une opération simple ni rapide. Si la situation ukrainienne semble nous imposer une réaction immédiate, il ne faut pas pour autant opter pour la précipitation ou pour des discours susceptibles d'effrayer l'opinion publique. Une défense commune, tout comme une politique étrangère commune, constitue le deuxième étage de la fusée européenne après la réussite de l'intégration économique. Il a fallu plusieurs décennies pour avancer à ce niveau qui reste, à de nombreux égards, imparfait. Il n'empêche qu'actuellement, une large majorité d'Européens (72 %) ont une opinion favorable de l'Union européenne. Il faut donc s'appuyer sur cette confiance pour bâtir une défense européenne qui, elle-même, devrait permettre de la renforcer et d'ouvrir de nouvelles perspectives.

La planète : nouvel objet politique

Le plus difficile pour franchir cette étape est de sortir de la phase actuelle, où seule l'expression « souveraineté nationale » a droit de cité.

La fragilisation de l'Europe est en grande partie responsable de cette poussée souverainiste. Il est bien sûr plus facile de s'en contenter et de l'agiter pour gagner des élections, mais en vérité, les enjeux à affronter aujourd'hui sont tels qu'on ne peut pas agir et se faire entendre sans jouir d'une dimension continentale. C'est une réalité que seuls les esprits chagrins rejettent. Les États-Unis, la Chine, la Russie ou encore l'Inde sont en mesure de peser sur le monde avec plus ou moins de succès, l'avenir le dira ; il est impératif que l'Europe se mette à niveau. Sur le plan économique, elle a assurément voix au chapitre, malgré des faiblesses industrielles, mais dans d'autres domaines essentiels, elle est à la peine, dépendant du bon vouloir des autres puissances.

La reconquête industrielle tout comme l'autonomie stratégique sont désormais au cœur du discours des Européens qui, après la crise sanitaire et le début de la guerre en Ukraine, s'éveillent et tentent de s'organiser pour sortir de cette tenaille dont ils ont commencé à sentir les effets. Ces deux sujets sont bien sûr essentiels, mais ils exigent un désir partagé par tous les membres, ou du moins ceux qui ont un poids suffisant pour influer sur les grandes orientations de l'UE. Je pense naturellement à la France et à l'Allemagne. Cependant, ces derniers mois, les relations franco-allemandes ont connu de fortes turbulences. Elles donnent l'impression que Berlin et Paris, bien que vivant sous le même toit, ont commencé à faire chambre à part. Nous y reviendrons, mais cette brouille montre à quel point il est urgent de se rassembler derrière une cause pour trouver les ressorts d'un nouvel élan européen et mettre l'Europe sur le devant de la scène internationale.

Si l'on en croit diverses études d'opinion menées dans le monde, le changement climatique constitue désormais le principal sujet de préoccupation des habitants de la planète. Selon un sondage du Pew Research Center publié fin août et réalisé dans dix-neuf pays d'Amérique du Nord, d'Europe et d'Asie, 75 % des personnes interrogées le plaçaient au premier rang des menaces. Je suppose que si l'on avait posé la question aux Pakistanais, aux Irakiens ou encore aux Indiens qui ont subi de plein fouet la brutalité des aléas climatiques, le pourcentage aurait été plus élevé encore. Aujourd'hui, aucun endroit dans le monde n'est épargné par les transformations du climat. Des chaleurs extrêmes à la sécheresse, en passant par des pluies torrentielles, les anomalies climatiques font de plus en plus fréquemment les gros titres de l'actualité. Il est difficile de rester insensibles aux tragédies humaines qu'elles génèrent sur tous les continents. S'il reste encore quelques climatosceptiques, une très large majorité de la communauté scientifique s'accorde à dire que la lutte contre le réchauffement climatique doit être la priorité des priorités pour éviter une catastrophe planétaire.

Au cours des dernières années, la communauté internationale s'est mobilisée et a fixé des objectifs pour limiter le réchauffement afin que ses effets soient les plus limités possible. Parmi eux, celui de contenir le réchauffement climatique à 1,5° C d'ici 2030 est le plus urgent puisque, comme le soulignent plusieurs pays en développement, en particulier les représentants des îles du Pacifique, c'est *« une question de vie ou de mort »*. Le problème, et la COP 27 à Charm El-Cheikh, en Égypte, l'a mis en évidence, est le manque de cohésion face à cet enjeu crucial. Nous sommes loin de l'esprit de la COP 21 à Paris, en 2015, quand les principales puissances s'étaient entendues pour limiter l'élévation de la température mondiale *« nettement en dessous de 2° C »* par rapport à l'ère préindustrielle et de *« poursuivre les efforts »* pour la limiter à 1,5° C sans définir de date précise pour atteindre ce niveau. Or celui-ci se révèle déterminant, car il permettrait d'atténuer les pires risques. *« Le changement climatique affecte déjà les populations, les écosystèmes et les moyens de subsistance. Chaque demi-degré de plus compte et il y a des avantages indéniables à limiter le réchauffement à 1,5° C plutôt que 2° C. Ne pas dépasser 1,5° C n'est pas impossible, mais cela demanderait des transitions sans précédent dans tous les aspects de la société. Enfin, contenir le réchauffement à 1,5° C peut aller de pair avec la réalisation des objectifs du développement durable, pour améliorer la qualité de vie de tous* », rappelait, dans un article du 8 octobre 2018 du *Monde,* Valérie Masson-Delmotte, coprésidente du groupe de travail sur les sciences du climat du Groupe d'experts intergouvernemental sur l'évolution du climat (GIEC), après la publication de son rapport spécial. Malgré ces avertissements et la multiplication des anomalies climatiques partout dans le monde, le désordre mondial, lié aux tensions géopolitiques entre la Chine et les États-Unis et à la crise énergétique générée par la guerre en Ukraine, a eu raison de l'engagement des deux grandes puissances, du moins de leur volonté de coopérer pour le bien de l'humanité. La conséquence est claire, prévient le Programme des Nations unies pour l'environnement (PNUE). « *Dans la plupart des cas, ni les politiques actuelles ni les engagements nationaux ne tracent un chemin crédible* » pour limiter le réchauffement à 1,5° C, est-il noté dans un de ses documents publié fin octobre 2022. Les scientifiques sont d'accord pour dire que le principal obstacle n'est pas technologique, mais d'ordre politique.

Ce qui manque, c'est effectivement cette ambition commune qui s'était profilée lors du sommet de Paris. À l'époque, l'accord avait pu être conclu parce que les grands pollueurs, États-Unis et Chine, avaient mis de côté leurs divergences pour répondre à l'appel de la planète. Depuis, la logique de l'affrontement a repris le dessus et la cause climatique n'est plus leur priorité, même si chacun de son côté a défini des objectifs ambitieux. Cela ne suffit pas. Il faut que se dessine un leadership sur cette question. Comme les tensions entre Pékin et Washington ne vont pas diminuer dans les prochaines années, malgré une timide détente amorcée en novembre après la première rencontre entre Joe Biden et Xi Jinping, la responsabilité incombe à d'autres. L'Inde, qui assure la présidence du G20 en 2023, manifeste son désir de jouer un rôle important. Dans le texte présentant sa stratégie, le Premier ministre indien Narendra Modi estime que son pays peut *« fournir des pistes pour d'éventuelles solutions mondiales »*. Il est vrai que l'Inde figure parmi les pays les plus exposés aux conséquences du changement climatique. New Delhi a subi une chaleur extrême pendant plusieurs semaines au début de l'année 2022, avec des températures dépassant régulièrement les 40° C. L'année précédente, des cyclones, des inondations et des précipitations extrêmes ont détruit plus de

12 millions d'hectares de cultures, contribuant à une flambée mondiale des prix alimentaires. Le gouvernement indien a pris l'engagement de réduire à zéro ses émissions de gaz à effet de serre d'ici à 2070 et présenté des objectifs climatiques à court terme, dont certains estiment qu'ils pourraient donner le ton de l'action climatique des économies émergentes au cours de la prochaine décennie.

Cependant, l'Inde envoie des signaux contradictoires de nature à limiter sa crédibilité sur ce dossier. Les nouvelles aspirations climatiques de l'Inde comprennent deux objectifs principaux pour 2030. Le premier consiste à réduire les émissions par unité de PIB de 45 % par rapport à 2005, et le second, à élever l'électricité « non fossile » – solaire, éolienne, nucléaire et hydroélectrique – à la moitié de la capacité électrique du pays. Si cela représente une amélioration par rapport aux engagements pris par les Indiens lorsqu'ils ont adhéré à l'accord de Paris en 2015, les experts n'y voient pas de rupture dans leur politique, rappelant qu'un pays à croissance rapide comme l'Inde peut réduire ses émissions par rapport à son PIB tout en augmentant dans le même temps ses émissions. Je ne porte pas de jugement sur l'approche indienne. Il existe un débat légitime sur « la part équitable » de chaque pays dans les émissions globales de carbone qui permet à l'Inde de revendiquer une part d'émissions plus importante du fait de son entrée tardive dans le processus d'industrialisation, indispensable à son développement, comparé aux pays industrialisés responsables plus anciens de l'accumulation de CO_2 dans l'atmosphère.

Les deux principaux pollueurs de la planète – la Chine avec 28,2 % des émissions de gaz à effet de serre et les États-Unis avec 14,5 % – pourraient prendre individuellement la direction de la lutte contre le réchauffement climatique au niveau mondial. Chacun d'eux a exposé sa stratégie en faveur du zéro émission nette. Washington a fixé la réalisation de cet objectif à 2050 et Pékin à 2060. On ne peut que se féliciter de voir ces deux mastodontes s'engager, mais cela donne l'impression qu'ils se sont lancés dans une compétition pour la palme de la « propreté écologique » plutôt que dans un effort pour entraîner le reste du monde derrière eux. D'ailleurs, l'Onu se montre assez déçue du résultat. *« Les engagements pris par les gouvernements jusqu'à présent sont loin d'être suffisants. La mise en œuvre des plans nationaux actuels en faveur du climat – pour les 193 parties à l'Accord de Paris – entraînerait une augmentation considérable de près de 14 % des émissions mondiales de gaz à effet de serre d'ici à 2030, par rapport aux niveaux de 2010 »*, assure-t-elle avant de réclamer, par la voix de son Secrétaire général António Guterres, une mobilisation pour « *transformer tous les engagements en faveur de la neutralité carbone en un mouvement mondial que rien ne pourra arrêter*[1] ». En termes d'investissements dans les énergies renouvelables ou de finance « verte », la Chine fait la course en tête. Selon un rapport du cabinet d'études BloombergNEF (BNEF), les investissements dans les énergies renouvelables à travers le monde ont atteint le montant record de 266 milliards de dollars au cours du premier semestre 2022. Et la Chine en a représenté à elle seule 43 %. De leur côté, les États-Unis, sous l'administration Biden, ont promis une réduction de 50 à 52 % des émissions de gaz à effet de serre (par rapport au niveau de 2005) à l'horizon 2030, et une production électrique neutre en carbone d'ici 2035, en mobilisant l'ensemble des outils réglementaires et budgétaires du gouvernement fédéral au service de la transition énergétique. Toutefois, les deux rivaux sont soumis à des réalités locales qui relativisent voire rendent paradoxales leurs politiques nationales.

Malgré l'augmentation de la part des énergies propres dans le mix énergétique chinois, la Chine demeure très dépendante du charbon. Elle en consomme plus que le reste du monde réuni et a

1. https://www.un.org/fr/climatechange/net-zero-coalition.

accéléré l'exploitation minière et la construction de centrales électriques au charbon, ce qui a contribué à l'augmentation des émissions de gaz à effet de serre liées à l'énergie du pays de près de 6 % en 2021, soit le rythme le plus rapide de la décennie. Lors de son discours d'ouverture au XXe congrès du Parti communiste, en octobre 2022, Xi Jinping a insisté sur la nécessité d'accélérer le développement des énergies renouvelables et nucléaires. Mais il a également mis l'accent sur la sécurité énergétique, indiquant clairement que le pays continuerait à dépendre du charbon, dont la Chine possède plus de réserves que tout autre pays. Joe Biden est lui aussi dans une position compliquée du fait des obstacles institutionnels que la configuration politique actuelle des États-Unis, caractérisée par une polarisation intense, favorise avec une opposition républicaine plutôt climatosceptique, prompte à utiliser tous les moyens pour limiter les ambitions démocrates dans la lutte contre le réchauffement climatique.

Pris individuellement, les efforts chinois et américains permettent d'aller dans la bonne direction, mais ils sont contraints par des réalités qui traduisent le malaise profond dans lequel notre planète est plongée depuis près d'une décennie. Il ne fait aucun doute que la rivalité sino-américaine explique en grande partie les difficultés à mettre en œuvre les mesures décidées de part et d'autre.

Les tensions imposent de privilégier les intérêts nationaux avant tout le reste, en l'occurrence la sécurité énergétique pour la Chine. L'autre facteur impactant est d'ordre purement local, il est le reflet de l'incapacité de la société américaine à se rassembler derrière une cause aussi essentielle que la défense de l'environnement. C'est ce qui distingue l'Europe de l'Amérique et de la Chine, où l'inquiétude de la population sur ces questions est bien réelle, mais où le lobby du charbon (oui, il en existe un !) résiste.

Il y a en effet sur le Vieux Continent un engagement extrêmement vif de la société civile en faveur de la protection de notre planète. L'émergence d'une figure comme Greta Thunberg, que certains ont pu brocarder, en est l'une des illustrations les plus fortes et les plus intéressantes de ces dernières années. La jeune femme incarne une certaine légitimité sur ce thème bien plus que les politiques, les médias ou les experts. Ces derniers doivent se tourner vers elle et la jeunesse, mobilisées pour la défense de la Terre, pour trouver le point d'appui nécessaire à l'élaboration d'une stratégie durable. Elle démontre que la planète est devenue un objet politique, ce qui n'était pas le cas il y a encore vingt ans. Le consensus mondial le plus fort aujourd'hui, c'est la planétisation, un phénomène extrêmement puissant qui trouve ses racines en Europe et qui rassemble désormais bien au-delà du Vieux Continent. Le succès des diverses initiatives de la jeune Greta, depuis sa manifestation solitaire devant le Parlement suédois en août 2018 jusqu'au mouvement de grève des écoles pour le climat, qui mobilise des dizaines de millions de personnes dans les rues du monde entier, n'est pas seulement le fruit d'un marketing bien organisé, comme certaines mauvaises langues l'ont laissé entendre, mais bien l'expression de la prise de conscience planétaire d'une menace commune. La « planétisation des consciences » exprime l'humanisme moderne sur lequel il convient de s'appuyer pour gagner la bataille. De ce point de vue encore, l'Europe est peut-être mieux placée que d'autres, parce que l'UE, plus que tout autre, implique la société civile dans ses stratégies et directives, et reconnaît son rôle dans les relations internationales. C'est tellement vrai qu'à l'occasion de la COP 27 organisée en Égypte, la Suédoise a regretté la décision des autorités locales de réduire les accréditations pour les militants. *« L'espace pour la société civile va être extrêmement limité. Il est important de laisser de la place à ceux qui ont besoin d'être là. Il sera difficile pour les militants de faire entendre leur voix »*, a-t-elle déclaré avant d'annoncer qu'elle-même ne participerait pas.

Je ne peux pas m'empêcher de penser que la faible représentation des organisations non gouvernementales (ONG) à Charm el-Cheikh, tout comme l'absence de dialogue entre la Chine et les États-Unis sur le climat, a contribué à faire de ce rendez-vous un relatif échec, ne permettant pas d'avancées significatives alors que l'urgence est là. Nous le savons, les ONG peuvent offrir des connaissances valorisantes pour les décideurs politiques et elles ont des liens spécifiques avec de nombreux groupes d'intérêt non représentés de manière adéquate auprès des organes politiques. Ce facteur confère souvent une plus grande légitimité à leurs actions, même si elles peuvent être parfois perçues comme dérangeantes par le pouvoir. Pourtant, je crois qu'il faut voir en elles une chance de régénérer le fonctionnement de nos sociétés.

Émergence des sociétés civiles

« *Civiliser la Terre, transformer l'espèce humaine en humanité devient l'objectif fondamental et global de toute politique aspirant non seulement à un progrès, mais à la survie de l'humanité* », écrit justement Edgar Morin dans son ouvrage *Réveillons-nous !*[1] Celui avec qui j'ai développé une réelle proximité de pensée a raison de s'alarmer

1. Op. cit., Denoël, 2022.

lorsqu'il nous dit la détresse de la planète : « *La crise affecte l'humanité entière, entraîne partout des ruptures, fait craquer les articulations, rallume les guerres, détermine les replis particularistes ; la vision globale et le sens de l'intérêt général sont ignorés.* » Voilà pourquoi je crois qu'il est essentiel que les responsables politiques s'intéressent au consensus mondial des sociétés civiles qui s'est constitué autour, notamment, de la question du réchauffement climatique. Son engagement favorise la transparence de la gouvernance, atténuant ainsi le risque que les gouvernements répondent en priorité aux exigences de groupes d'intérêts influents et pas toujours disposés à changer l'ordre des choses. En faisant pression pour la mise en place de dispositifs de suivi et de consultation, la société civile contribue également à la création de mécanismes formels de responsabilité dans le système de gouvernance, en particulier au sein de l'administration publique. L'autre aspect positif de cette prise de conscience collective et de ce désir d'agir n'est pas des moindres à mon sens. Il permet de redonner une place importante, sinon centrale, à la notion de responsabilité à tous les niveaux de la société. Je crois en effet qu'une bonne partie de la fragilisation de nos sociétés est liée à ce confort dans lequel nous nous sommes installés progressivement et qui consiste à rejeter toute forme de responsabilité. Tant qu'il restait, au sommet des États, des individus ou un système acceptant de porter la responsabilité des décisions, la société pouvait avoir l'illusion de fonctionner à peu près correctement. Or, ces dernières années, on a pu constater à regret que la mode est plus à botter en touche qu'à assumer les choix ou les erreurs. Dans ces conditions, il n'est pas étonnant que le « c'est-pas-ma-faute » s'impose. Cela finit par créer des situations de fortes tensions puisqu'on se renvoie tous la balle au lieu de chercher ensemble des moyens de s'en sortir.

Ce que nous avons connu sous le nom de « crise des gilets jaunes » en France en est un exemple, que l'on a traité à coup de milliards d'euros sans pour autant répondre à la demande fondamentale de ces gens : qu'on tienne davantage compte de leur parole. Le jugement était sévère autant sur la démocratie politique que sur la démocratie sociale ou la démocratie territoriale, toutes les trois trop verrouillées. Il n'est pas étonnant que les élus politiques continuent de vivre dans la crainte d'une nouvelle « crise des gilets jaunes ». Le problème de fond n'a pas été réglé, et c'est assez paradoxal dans une démocratie comme la France. Or, ce constat est valable dans bien d'autres pays. Une défiance à l'égard de la parole politique s'est installée et enracinée. Jusqu'en 2009, pour la majorité des Français, la démocratie fonctionnait *« très bien ou assez bien en France »*, mais depuis maintenant plus de douze ans, la courbe s'est inversée. Dans le Baromètre de la confiance politique réalisé en janvier 2022, 57 % des personnes interrogées ont répondu que *« la démocratie ne fonctionne pas bien du tout ou pas très bien en France »*. Un chiffre éloquent que l'on peut associer à l'évolution de l'abstention lors des élections. En 1958, 22,8 % des électeurs s'étaient abstenus au deuxième tour des législatives ; en 2022, ils étaient 46,2 % à avoir boudé les urnes. Aux municipales, pourtant considérées comme l'un des rendez-vous politiques préférés des Français, la tendance est identique. L'élection du président de la République n'échappe pas non plus à la règle. En 2022, 28,01 % des inscrits n'ont pas voté au second tour de la présidentielle. Chaque fois, les hommes politiques tentent d'analyser sur les plateaux de télévision ou à la radio les raisons de cette défiance, mais très rarement ils acceptent de prendre leur part de responsabilité, creusant encore le fossé entre eux et une partie de plus en plus large de la population.

La France s'est dotée d'une « fabrique de la défiance » que Yann Algan, Pierre Cahuc et André Zylberberg ont analysée en profondeur dans leur ouvrage éponyme[1]. Les auteurs en offrent

---

1. *La Fabrique de la défiance… et comment s'en sortir*, Albin Michel, 2012.

un excellent exemple avec leur fable du « petit Français » qui ouvre leur livre. De sa plus tendre enfance jusqu'à l'âge adulte, celui-ci va grandir dans un monde où *« le "dialogue social" n'est qu'un discours creux, peu soucieux de l'intérêt général »*, pour finalement perdre *« tout espoir en la capacité de son pays à forger un destin collectif »*. Encore une fois, il ne s'agit pas d'un mal « français », mais bien d'un phénomène plus global qui touche la plupart des démocraties de la sphère occidentale. Cela explique également pourquoi beaucoup d'entre elles ont succombé ou succombent à la poussée du populisme et/ou à la tentation de l'homme fort, présenté parfois comme l'homme providentiel. Malheureusement, lorsque certains d'entre eux arrivent au pouvoir, le résultat n'est pas plus encourageant. Bien au contraire, la gestion erratique du pays les amène plus souvent à accentuer les divisions qu'à les réduire.

Aussi faut-il accorder une très forte attention à la mobilisation de la société sur les sujets environnementaux. Dans une étude publiée en novembre 2022 par YouGov dans plusieurs pays industrialisés, plus de 60 % des personnes interrogées en France, en Italie et en Espagne estiment que la lutte contre le réchauffement climatique doit être la priorité des priorités. Ailleurs, le pourcentage est inférieur, mais le sujet figure en tête des préoccupations. *« Cette enquête montre qu'il y a beaucoup plus de points communs entre les citoyens en ce qui concerne le changement climatique et ce qu'il faut faire pour y remédier, que ce que nous voyons souvent sur nos écrans de télévision et fils Twitter »*, a confirmé Luke Tryl, directeur britannique de More in Common, une organisation à but non lucratif qui étudie la polarisation de la société. D'où ma conviction que c'est le thème à partir duquel on peut rebâtir un socle de confiance au niveau de chaque nation. Il constitue un formidable tremplin pour redorer le blason de l'Europe et lui redonner une raison d'être sur le plan international.

Un leadership pour l'Europe

Outre de pouvoir s'appuyer sur un consensus global autour de la nécessité de lutter contre le réchauffement climatique, l'Europe dispose de la légitimité nécessaire pour prendre le leadership mondial en la matière. L'UE possède l'une des normes environnementales les plus élevées de la planète. Depuis des années, elle a élaboré et mis en pratique des politiques et des stratégies, et joué un rôle de premier plan dans les négociations internationales sur le climat. Elle s'est engagée à la bonne implémentation de l'accord de Paris. Elle a cherché à promouvoir les technologies à faible émission de carbone ainsi qu'à protéger et améliorer la qualité de l'environnement. Sa politique écologique repose sur les articles 11 et 191 à 193 du Traité sur le fonctionnement de l'Union européenne, la lutte contre le changement climatique y étant un objectif déclaré, comme le reflète l'article 191. Le développement durable est une de ses visées primordiales. Le même article soutient la participation de l'UE aux négociations des Nations unies sur le climat et définit les intentions, principes et politiques de l'UE en matière d'environnement. Cet article fait référence aux mesures prises au niveau international pour résoudre les problèmes environnementaux, en particulier pour lutter contre le changement climatique, la coopération avec d'autres pays et organisations internationales étant l'un des principaux objectifs de la politique environnementale de l'UE. La cohérence des Européens sur cette question cruciale est bien plus importante que sur les thèmes abordés précédemment, comme la réindustrialisation ou l'autonomie stratégique. Le lancement du « Plan vert » européen en 2019 en est une des meilleures illustrations, puisqu'il s'agit d'« *une nouvelle stratégie de croissance qui vise à transformer l'UE en une société équitable et prospère, avec une économie moderne, efficace dans l'utilisation des ressources et compétitive, où il n'y a pas d'émissions nettes de gaz à effet de serre en 2050 et où la croissance économique est découplée de l'utilisation des ressources »*, comme l'explique la Commission européenne[1]. Au cœur de cette politique ambitieuse, le financement vers la transition verte, la stimulation de l'économie circulaire, la création d'un système alimentaire durable et la préservation de la biodiversité. Autant de sujets qui intéressent toute la planète et qui me permettent encore de citer ce cher Edgar Morin pour qui *« il nous faut non plus opposer l'universel aux patries, mais lier concentriquement nos patries, familiales, régionales, nationales, européennes, et les intégrer dans l'univers concret de la patrie terrienne*[2] ». Voilà l'enjeu pour l'Europe quand les États-Unis et la Chine, enfermés dans leur logique de confrontation, ne sont pas en mesure d'y répondre.

Par ailleurs, pour prendre le leadership dans la lutte contre le réchauffement climatique, il n'est pas besoin de prouver sa puissance et sa force en se lançant dans une course effrénée aux armements, il faut juste faire preuve d'exemplarité, une qualité qui s'est perdue ces dernières années, en même temps que l'esprit de responsabilité. Dans le domaine environnemental, l'Europe montre l'exemple. L'adoption de la loi européenne sur

1. Pacte vert pour l'Europe du 11 décembre 2019, dans « Introduction – transformer un défi urgent en une chance unique à saisir ».
2. Op. cit., Denoël, 2022.

le climat, en mars 2020, approuvée deux ans plus tard par le Parlement européen, constitue la suite logique du « Plan vert ». Et ce n'est pas sans raison qu'Ursula von der Leyen, la présidente de la Commission européenne, l'a présentée comme *« la loi des lois »*, parce qu'elle revêt une importance fondamentale pour la réalisation du « Plan vert » européen dont l'objectif est de faire de l'Europe le premier continent neutre en carbone. Quelle noble ambition ! Je ne doute pas un seul instant que la réussite de ce projet peut donner aux Européens la fierté et l'élan nécessaires pour devenir les moteurs d'une nouvelle politique internationale qui intègrerait l'écologie dans sa dimension la plus large, puisqu'elle contribuerait à remettre l'homme au cœur du système. *« L'esprit humain a surdéveloppé ses pouvoirs sur le monde physique et sur le monde vivant, mais sous-développé ses pouvoirs sur tout ce qui est humain »*, souligne toujours avec la même force, dans *Réveillons-nous,* Edgar Morin qui appelle à l'édification d'une *« politique pleinement humaniste »*[1]. Cette allusion à l'humanisme, courant de pensée européen apparu à un moment où les sociétés aspiraient au changement, me rappelle une parole de l'un de ses représentants les plus illustres. Érasme disait déjà que *« le monde entier est notre patrie »,* ce qui m'amène à croire que l'enjeu actuel autour

1. Op. cit., Denoël, 2022.

du climat redonne à l'Europe une occasion de briller et de fonder une nouvelle dynamique, comme celle du XVIe siècle, *« irrésistible qui a ouvert la voie à une transformation de la vision du monde, à un renouvellement des modes et des types de connaissance, à un élargissement des sources d'inspiration littéraire et artistique, à une refonte du système pédagogique* [...], *à une critique libératrice des traditions et des institutions* [...] *et, enfin, à une image nouvelle de l'homme »* comme on peut le lire dans l'*Anthologie des humanistes européens de la Renaissance.* L'entrée de la planète dans nos préoccupations, comme aussi l'arrivée de l'intelligence matérielle, inspira peut-être nos intellectuels enracinés dans l'humanisme, tels Luc Ferry, à nous guider vers un « humanisme du dépassement », cette pensée des temps nouveaux. Autant d'éléments dont nous avons aujourd'hui besoin dans le monde entier. C'est dans ce sens que j'interprète les propos de la secrétaire d'État portugaise aux Affaires européennes, Ana Paula Zacarias, lorsqu'elle affirme que l'adoption de la loi européenne par le Parlement de Strasbourg *« envoie un signal clair aux citoyens d'Europe et du monde »* et qu'elle montre que *« l'UE est sérieusement engagée dans la lutte contre le changement climatique »*. Cet engagement européen implique une dimension essentielle que la pandémie et la crise en Ukraine ont eu tendance à affaiblir : la solidarité. Celle-ci s'impose dans ce domaine peut-être plus que dans tout autre, car le réchauffement climatique ne connaît pas de frontières. Même s'il est compliqué de contenir la propagation d'un virus, il est virtuellement possible d'en ralentir la progression en choisissant le repli sur soi. C'est ce qu'a choisi de faire la Chine. Elle a poursuivi cette démarche jusqu'au début du mois de décembre 2022, une stratégie très stricte en la matière qui n'a certes pas réussi à éradiquer la pandémie comme elle l'espérait, mais qui a limité le nombre de contaminations à des niveaux relativement faibles au regard de l'importance de sa population. Mais cette politique a été menée au détriment de la liberté de mouvement et au prix de contraintes qui ont fini par venir à bout de la patience des Chinois. On connaît la suite, il a fallu céder à la pression et à l'exaspération, et le nombre de décès a alors « explosé ». Quant au réchauffement climatique, aucune mesure de fermeture des frontières ne peut l'enrayer. Il faut au contraire miser sur la cohésion et la solidarité pour marquer des points et avancer collectivement vers une solution qui profitera à tous. Il va de soi que l'engagement des Européens à travers les divers outils développés en commun constitue un modèle capable d'entraîner le reste de la planète dans son sillage. Encore une fois, tout n'est pas réglé, mais le projet est porteur d'espoir. Il peut aider à exaucer la prière de Greta Thunberg, exposée devant le Congrès américain en septembre 2019, *« que les gouvernements, les partis politiques et les entreprises saisissent l'urgence de la crise climatique et écologique et s'unissent malgré leurs différences – comme on le fait en cas d'urgence – afin de prendre les mesures nécessaires pour préserver les conditions d'une vie digne pour tous sur terre »*.

La planétisation qu'a su incarner la jeune Suédoise devant des millions de jeunes peut donc guider les Européens dans le développement de leur stratégie climatique. Avec la loi sur le climat, l'UE a exprimé la volonté commune de réduire l'impact du changement climatique. Cependant, d'autres actions seront nécessaires pour aller encore plus loin. Parmi elles, il faut probablement envisager des évolutions dans son fonctionnement pour assurer une meilleure efficacité et un engagement plus massif des populations derrière ses projets. À ce titre, l'organisation d'une Conférence sur l'avenir de l'Europe, à laquelle des citoyens de toute l'UE ont participé et à l'issue de laquelle le Parlement européen a publié un rapport très intéressant, m'apparaît comme un très bon moyen d'impliquer davantage la société civile dans la construction de l'avenir. Ce qui est très encourageant dans ce document présentant 49 propositions de changements pour l'UE, c'est l'appel à un plus grand leadership de l'Europe sur la scène mondiale. Autrement dit, les Européens ont conscience de l'importance pour elle d'être actrice plus que spectatrice. Le plus frappant, et cela va dans le sens de cet ouvrage, est que les Européens souhaitent que l'Europe s'impose sur les questions climatiques. « *Accroître le leadership de l'UE et assumer un rôle et une responsabilité plus forts pour promouvoir une action climatique ambitieuse, une transition juste et un soutien pour faire face aux pertes et dommages, dans le cadre international avec les Nations unies au centre* », peut-on lire dans le rapport publié en mai 2022. Telle est donc l'attente explicite de la population, qui souhaite également supprimer le principe d'unanimité des États membres de l'UE pour faire avancer certaines actions. « *Nous, citoyens, voulons une Europe dans laquelle les décisions sont prises de manière transparente et rapide, où le principe de l'unanimité est reconsidéré et dans laquelle nous, citoyens, sommes régulièrement et sérieusement impliqués* », lancent-ils, rappelant que « *le manque de coordination entre les États membres nuit à l'efficacité des campagnes existantes et ralentit les efforts de lutte contre le défi mondial que représente le changement climatique* ». On ne peut pas être plus clair et je crois que ces propositions révèlent un enthousiasme qu'il faut protéger du technocratisme bruxellois.

Le Parlement européen, qui a approuvé le rapport de la conférence, le 4 mai, adhère à la demande d'éliminer le principe d'unanimité tout en rappelant qu'un tel changement nécessite une modification du traité de l'UE, soumise elle-même à un vote à l'unanimité. Si cette idée va à son terme, ce sera une grande victoire pour le fonctionnement de l'UE, qui pourra plus facilement promouvoir ses projets face au reste du monde. Jusqu'à présent, la règle de l'unanimité de l'Union européenne – selon laquelle tous les pays doivent s'accorder pour prendre une décision sur des sujets ayant trait, par exemple, à la politique étrangère ou à la réglementation fiscale – a ralenti voire bloqué les progrès sur un certain nombre de questions majeures, des sanctions contre la Russie aux taux d'imposition des sociétés. Évidemment, les partisans de son maintien se recroquevillent derrière l'idée que cette règle d'unanimité constitue le dernier moyen de sauvegarder la « souveraineté nationale » face à une Europe de plus en plus avide de pouvoir. Cela s'entend. Cependant, je pense que certains enjeux, comme le réchauffement climatique, ne souffrent plus les tergiversations de certains États qui se réfugient derrière cette règle pour ne pas prendre leurs responsabilités et répondre à l'urgence. Je veux croire, comme Edgar Morin, que *« ceux qui relèveront le défi viendront de divers horizons, peu importe sous quelle étiquette. Ils seront les redresseurs de l'espérance*[1]. » Avancer dans cette direction, qui permettrait non seulement de répondre aux souhaits de leurs citoyens, mais aussi de donner à l'UE le moyen concret de prendre le leadership, requiert une certaine dose de courage de la part des dirigeants européens. Et si une révision des traités européens représente un obstacle trop haut à surmonter, on peut en exploiter ce qu'on appelle *« les clauses passerelles »*, qui permettent une *« plus grande flexibilité dans la prise de décision supranationale »*. Cela peut sembler un peu technique, mais ce mécanisme rendrait possible de passer du vote à l'unanimité au vote à la majorité au sein du Conseil de l'UE sans avoir à modifier les traités de l'UE. Des options existent donc. À nos représentants de savoir les utiliser et avancer dans la bonne direction.

« Le courage n'est rien sans la réflexion », disait Euripide. C'est tout à fait juste, et il faut espérer que les Européens sauront en tenir compte lorsqu'ils devront choisir. Cela nous ramène à cette notion de vision à long terme que j'ai déjà évoquée. Quelle planète voulons-nous laisser à nos enfants et petits-enfants ? La question est cruciale, et on ne peut y répondre ni par des formules magiques ni en mobilisant chacun

1. Op. cit., Denoël, 2022.

de notre côté les moyens dont nous disposons. Elle est transversale et impose que tous les États y participent d'une manière ou d'une autre. Personne n'est épargné par les conséquences des dérèglements climatiques. Début décembre, Lisbonne a été submergée par d'importantes inondations meurtrières alors que quelques mois avant seulement, en août, Séoul, la capitale coréenne, a connu, elle aussi, des crues tragiques. Je cite ces deux exemples pour rappeler que n'importe quel continent à n'importe quel moment de l'année peut être touché par ces débordements météorologiques. Dans pareil cas, je pense notamment aux incendies, les Européens parviennent à coopérer pour en limiter les effets dévastateurs. C'est très bien, mais une fois de plus, il s'agit de réponses à des situations d'urgence. Nous en aurons encore besoin, mais ce dont nous avons aujourd'hui plus besoin encore, c'est l'élaboration et la mise en œuvre d'un engagement européen à l'échelle globale pour entraîner le reste de la planète dans une stratégie capable, sinon d'empêcher, du moins d'éviter que les anomalies climatiques se multiplient et augmentent en puissance meurtrière. Je ne peux pas m'habituer à ces images de désolation et de détresse que les chaînes d'information diffusent en boucle, car je sais que nous pouvons collectivement trouver des réponses. Mais plus nous tarderons à nous organiser, plus nous assisterons à la lutte de femmes et d'hommes contre une nature déchaînée, en priant pour que nous ne soyons pas les prochains.

Cette exigence d'action de l'Europe fait aussi écho au principe de responsabilité que j'ai abordé plus haut. Je crois que nous devons au reste du monde de prendre la tête de cette bataille sans attendre que les Chinois et les Américains dépassent leurs divisions pour avancer. Sans avoir réponse à tout, bien sûr, les Européens peuvent être le moteur d'un changement en profondeur visant *« à ré-humaniser et à re-convivialiser nos existences »*. Edgar Morin parle de *« politique de civilisation »* dont l'objectif est de *« développer l'autonomie individuelle, la responsabilité, la liberté, et de lutter contre l'égoïsme*[1] *»*. Cela ne peut passer que par l'exemple, et celui-ci doit venir d'en haut. Pendant longtemps, l'Europe a été un modèle de paix structurelle. Elle doit bien sûr le rester même si la guerre en Ukraine l'a fragilisée. Pour cela, il faut lui ajouter une dimension environnementale qui donnera aux Européens une nouvelle responsabilité, plus globale, sans laquelle ils seront éternellement tributaires de la bonne volonté des puissances dominantes. Je pense qu'il faut corriger la trajectoire de l'UE, et la lutte contre le réchauffement climatique

1. Op. cit., Denoël, 2022.

nous en offre la possibilité. Elle peut ouvrir de nouvelles perspectives à la construction européenne dans la mesure où celle-ci – compte tenu de l'enjeu majeur et immédiat que représente le défi climatique – nous interdit de la penser « à l'abri du réchauffement climatique », mais bien « contre le réchauffement climatique ». La responsabilité de nos dirigeants est historique. Auront-ils la capacité de se mettre en phase avec les aspirations des sociétés civiles ? La réponse à cette question dépend de leur aptitude à assumer leur rôle politique.

En effet, ces dernières années, nous avons assisté au règne de gestionnaires plus ou moins capables de réagir à des situations de crise. Ainsi, le recours plus fréquent à des entreprises conseil, plus pour la stratégie que pour la mise en œuvre, confirme cette idée de repli de la dimension politique. Ce fut la thèse du Sénat, dans son rapport très sévère en 2020 quant à la manière dont a été abordée la pandémie en France. Le recul du politique a notamment favorisé le manque de confiance des citoyens. Il ne faudrait pas que, du haut de leur tour d'ivoire, les élites françaises sous-estiment la dimension politique des questions climatiques. La prise de conscience existe au sein de la population européenne et cette dernière attend l'impulsion politique qui changera définitivement la donne.

La parole aux peuples d'Europe

Le monde se repolitise surtout sous l'influence des grandes puissances. Individuellement, les pays européens, y compris la France, en dépit de son passé, ne sont pas en mesure de rivaliser seuls avec les États-Unis et la Chine. La réponse doit être collective et fondée sur un axe politique clair. Compte tenu de la situation actuelle, celui qui s'impose est le changement climatique.

Pour lui donner un sens encore plus fort et afin d'associer plus directement les citoyens, il faudrait donner au Parlement européen un rôle plus important. Comme le confirment les études d'opinion ou encore la conférence sur l'avenir de l'Europe dont j'ai déjà parlé, il existe dans la société un consensus sur la nécessité de s'attaquer au réchauffement climatique. Il faudrait en chercher l'expression par le biais d'un référendum européen, afin d'établir l'axe politique. Celui-ci imposerait ensuite aux États membres et à la Commission d'appliquer de manière scrupuleuse les accords souscrits lors des forums internationaux, en particulier celui de la COP 21, et d'accélérer la mise en place des mesures nécessaires pour atteindre l'objectif des 1,5° C. Cette exemplarité nous permettra à la fois de prendre véritablement le leadership et de légitimer l'établissement d'une Charte de la planète. La survie de la Terre devient ainsi l'objectif politique numéro un, et l'Europe peut en assurer une part importante, en ouvrant la voie aux autres pays. Quand je dis « ouvrir la voie », j'entends les encourager à suivre notre exemple et non le leur imposer, comme nous avons eu tendance à le faire avec « nos valeurs universelles », sans être toujours capables nous-mêmes de les respecter. Nous devons adopter une morale de l'action qui consiste d'abord à nous retrousser les manches, chacun à son niveau. Il s'agit de responsabiliser, non de traiter les autres comme des enfants ou des entités inférieures incapables d'agir. Comme m'a dit un jour Jacques Chirac : *« En matière internationale, l'exemple est plus convaincant que la leçon. »* Dans la lutte contre le réchauffement climatique, l'élément déterminant est de créer un élan durable sans lequel il est impossible de penser accomplir nos objectifs. Cette conviction explique l'échec de l'écologie violente, accusatrice et primitive. L'enjeu est de rassembler et de convaincre. La coercition ou la menace sont des voies sans issues. Seul l'exemple est de nature à changer les choses. Il me vient à l'esprit la légende amérindienne du colibri que l'écologiste Pierre Rabhi a souvent utilisée pour mobiliser. *« Un jour, dit la légende, il y eut un immense incendie de forêt. Tous les animaux terrifiés, atterrés, observaient impuissants le désastre. Seul le petit colibri s'activait, allant chercher quelques gouttes avec son bec pour les jeter sur le feu. Après un moment, le tatou, agacé par cette agitation dérisoire, lui dit : "Colibri ! Tu n'es pas fou ? Ce n'est pas avec ces gouttes d'eau que tu vas éteindre le feu !" Et le colibri lui répondit : "Je le sais, mais je fais ma part."* » La planète a bien sûr besoin d'un effort plus important pour gagner cette bataille et d'un très gros colibri. Au moment où notre maison commune brûle, l'Europe doit pouvoir justement jouer ce rôle.

– III –

La Méthode

En 2019, j'avais écrit, en conclusion de mon livre *Chine, le grand paradoxe,* que « *le bras de fer entre l'Amérique et la Chine est durable. La guerre commerciale aujourd'hui, d'autres formes de conflit, demain, exigent de nous une ambition européenne. Si notre civilisation ne veut pas être écrasée par leur combat ou leur accord, dont nous serions dans les deux cas les perdants, elle doit se donner les moyens de créer une Europe puissante.* » Trois années se sont écoulées, au cours desquelles la situation s'est envenimée entre les deux grandes puissances, et notre continent est devenu le théâtre d'un conflit comme nous n'en avions pas connu depuis la fin de la Seconde Guerre mondiale.

Taïwan : la fabrique de la guerre

Si la guerre en Ukraine n'est pas directement imputable aux mauvais rapports entre Washington et Pékin, il va sans dire que leurs dissensions ont favorisé l'audace de Moscou de passer à l'acte. Cela a permis de remettre la question de l'avenir de Taïwan au cœur des préoccupations internationales, au risque d'en faire le point de départ d'une guerre potentiellement mondiale. De part et d'autre, on fourbit ses armes. La Chine consacre des budgets importants à l'accroissement de ses forces conventionnelles afin de combler son retard sur les États-Unis. Cet effort entrepris depuis le milieu des années 2000 est désormais accompagné d'une ambition nucléaire dont on ne peut que s'inquiéter. D'autant que certaines voix influentes, comme celle de l'ancien ambassadeur chinois chargé des affaires de désarmement, Sha Zukang, ont commencé à affirmer que la doctrine chinoise du non-recours en premier aux armes nucléaires n'était plus adaptée. « *La pression stratégique sur la Chine s'intensifie depuis que les États-Unis ont construit de nouvelles alliances militaires et qu'ils renforcent leur présence militaire dans notre voisinage* », a-t-il déclaré en septembre 2021 dans un discours prononcé à Pékin. Dans ces conditions, la doctrine ne devrait plus s'appliquer, a-t-il ajouté, *« à moins que la Chine et les États-Unis négocient un accord mutuel sur le non-recours en premier aux armes nucléaires, ou que les États-Unis cessent de prendre des mesures négatives qui sapent l'efficacité des forces stratégiques chinoises »*. Parmi les exemples les plus souvent cités par Pékin, l'accord de sécurité conclu avec l'Australie qui, à ses yeux, constitue *« un cas d'école »* en matière de prolifération nucléaire, entraînant une course aux armements régionale. En conséquence de quoi, les Chinois ont pris des mesures pour y répondre en multipliant le nombre de leurs têtes nucléaires. Selon le rapport annuel sur l'état des forces militaires chinoises établi et publié fin novembre 2022 par le Pentagone, la Chine possèderait désormais plus de 400 ogives nucléaires, soit deux fois plus qu'il y a seulement deux ans. À ce rythme, Pékin pourrait disposer d'un stock d'environ 1 500 têtes d'ici 2035. Cela rappelle cet « équilibre de la terreur » du temps de la guerre froide qui avait fait trembler le monde, en particulier lors de la crise des missiles à Cuba, en 1962. Nous étions passés à deux doigts d'une guerre nucléaire, et les deux puissances du moment avaient fini par établir de véritables garanties et limites en matière d'armes nucléaires. Aujourd'hui, il n'existe aucune discussion entre Américains et Chinois à ce propos. C'est très préoccupant, d'autant que la Russie, autre puissance nucléaire, a plusieurs fois laissé entendre qu'elle pourrait en faire usage.

Nous sommes arrivés à un point où une étincelle peut embraser la planète et provoquer une catastrophe dont le monde, fragilisé par la pandémie et le réchauffement climatique, aura du mal à se relever. Ce qu'il faut, c'est parvenir à une diminution des tensions, en commençant par une résolution de la guerre en Ukraine, qui démêle l'implication directe ou par procuration de la Russie, des États-Unis et de la Chine afin de créer un espace diplomatique plus large pour le dialogue sino-américain. L'essentiel est de reconnaître que si tous les éléments de tension sont imbriqués dans leurs effets au niveau mondial, ils ne sont pas identiques dans leur dynamique interne. L'élaboration d'approches diplomatiques appropriées commence par la compréhension des intérêts fondamentaux et des niveaux de tolérance de chaque partie, sans regard intéressé et souvent erroné sur l'autre. De toute évidence, et malgré les timides tentatives de restauration du dialogue, les Américains et les Chinois ne sont pas aujourd'hui dans de bonnes dispositions pour y parvenir. Leur posture fondée sur des perceptions unilatérales et la soumission à des lobbys nationaux et internationaux reste prédominante dans leur façon d'aborder leurs relations. La fabrique de la guerre implique aussi largement les Américains. Les déclarations de Joe Biden affirmant, par exemple, l'intention de Washington de défendre Taïwan avec des troupes et du matériel ont confirmé le soutien sans réserve des États-Unis à Taipei en matière de défense, alors que jusqu'à présent, les Américains avaient entretenu une « ambiguïté stratégique » favorisant la dissuasion quant à une tentative de réunification forcée par Pékin.

Le changement d'attitude des États-Unis sur cette question peut dégénérer en confusion stratégique et en erreur de calcul, surtout que ces paroles ont été accompagnées par une multiplication de visites de représentants américains à Taipei, ce qui n'a pas manqué de nourrir les doutes de la Chine sur la position réelle des Américains. J'ai déjà évoqué le déplacement de Nancy Pelosi, la présidente de la Chambre des représentants, à Taïwan, en août 2022. S'il a souvent été présenté dans les médias comme l'expression d'une résistance aux injonctions chinoises de ne pas s'y rendre et d'un soutien à la démocratie taïwanaise, il ne faut pas oublier que cette visite, motivée par des considérations électorales à quelques semaines des élections de mi-mandat, a permis à la Chine, pour la première fois, d'opérer un quasi-blocus de l'île. Pendant plusieurs jours, les Chinois ont mené des manœuvres militaires tout autour de Taïwan, montrant clairement qu'ils ne s'embarrasseraient plus des avertissements américains. Chacun à son tour, les États-Unis et la Chine ont franchi des lignes rouges, banalisant des situations potentiellement dangereuses sans que l'on sache vraiment pourquoi. La disparition de limites ouvre des perspectives susceptibles d'enhardir leurs dirigeants et les amener, en fonction d'un agenda intérieur, à s'engager dans de nouvelles provocations ou des actions intempestives en mer de Chine méridionale et ailleurs. Les responsables chinois pourraient encore sous-estimer la puissance américaine, dont on connaît pourtant la force institutionnelle unique et la capacité de projeter une armée à l'étranger. Je ne doute pas que les responsables américains et chinois actuels ne tiennent pas à entraîner leurs pays respectifs et le reste du monde dans un conflit de grande ampleur. Toutefois, la situation intérieure aux États-Unis et en Chine est loin d'être paisible.

Joe Biden est certes sorti renforcé des élections de mi-mandat, en novembre 2022, mais le trouble politique demeure fort avec un Donald Trump qui n'a pas dit son dernier mot et une société traversée par des nombreux courants déstabilisants. Xi Jinping a obtenu un troisième mandat à la tête du Parti communiste chinois, ce qui lui permet d'asseoir un peu plus son emprise sur le pays, mais la Chine, affaiblie par trois années de mesures très strictes contre la Covid-19. Le volte-face qui a suivi le vingtième congrès du Parti communiste chinois sur le confinement illustre ce trouble. Si, de part et d'autre de l'océan Pacifique, les gouvernants ne parviennent pas à répondre aux attentes parfois contradictoires de leur opinion publique, ils pourraient être tentés de détourner l'attention vers leur principal rival. Et dans un contexte où il n'existe plus de véritables limites, le danger est grand de créer des confrontations où chacun pensera qu'il n'a plus rien à perdre.

La bataille de l'économie

L'une des stratégies consiste à vouloir isoler la Chine, ou du moins essayer de réduire ses marges de manœuvre, notamment en termes de développement économique. Entamée sous l'administration Trump, qui a commencé à brandir la menace technologique représentée par les Chinois, elle a pris une tout autre dimension quand Joe Biden a évoqué l'idée de créer une alliance autour des semi-conducteurs, ces composants devenus indispensables pour construire aussi bien une voiture qu'un missile balistique. Baptisé Chip 4, ce projet a officiellement pour ambition de garantir la chaîne d'approvisionnement de ces précieuses puces, surtout après la pénurie du printemps 2021 qui a provoqué un vent de panique dans le monde. Il va surtout obliger les fabricants du monde entier à choisir entre Washington et Pékin, les deux superpuissances se bousculant pour la domination technologique et économique (intelligence artificielle, biotechnologie et désormais semi-conducteurs, considérés comme essentiels à leur sécurité nationale et économique). En 2015, la Chine a lancé son plan « Made in China 2025 », dans lequel elle décrivait son ambition de devenir une grande puissance technologique, notamment dans les semi-conducteurs, avec l'objectif de produire elle-même 70 % des puces qu'elle utilise. De leur côté, les États-Unis multiplient les efforts pour ne pas se laisser distancer. Le président Biden a ratifié, en août 2022, le Chips Act qui prévoit 52 milliards de dollars de subventions pour ce secteur, dans le but très clair d'aider l'industrie nationale. Environ 39 milliards de dollars seront alloués à la construction de nouvelles usines de fabrication de puces sur le sol américain, notamment pour soutenir l'implantation d'entreprises étrangères comme le Taïwanais TSMC ou le Coréen Samsung electronics qui, à eux deux, ont annoncé plus de 60 milliards de dollars d'investissements dans des unités de production en Arizona et au Texas. En réunissant autour d'eux les fabricants sud-coréens, japonais et taïwanais, les Américains souhaitent éviter une autre pénurie risquant de paralyser une bonne partie de l'économie mondiale, mais ils entendent aussi limiter l'accès de la Chine aux semi-conducteurs les plus avancés qu'elle n'est pas en mesure de produire actuellement. Ils exercent leur pression sur des entreprises cruciales dans la production de puces, à l'instar du Néerlandais ASML holdings qui détient une position de monopole dans la construction de machines de pointe destinées à la fabrication de semi-conducteurs, comme les systèmes de lithographie en ultraviolet profond (DUV) et les systèmes de lithographie extrême ultraviolet (EUV). Les seconds ne sont déjà plus exportés vers la Chine en raison des restrictions américaines mises en place par l'administration Trump ; les premiers, moins avancés, sont désormais aussi visés par les États-Unis qui voudraient sevrer Pékin. La part de la Chine dans les ventes totales de systèmes lithographiques en valeur a chuté en trois mois de 34 %, lorsque le pays était le premier importateur, à 10 % au deuxième trimestre de 2022. Dans le même temps, les exportations d'ASML vers Taïwan ont représenté 41 % de ses ventes totales, tandis que la Corée du Sud occupe la seconde place avec 33 %.

Cette question remet elle aussi Taïwan au cœur des tensions sino-américaines. Pendant longtemps, l'île a été protégée par le « bouclier de silicium » que lui offrait son industrie des semi-conducteurs : le soutien militaire, économique ou diplomatique que de nombreux pays pouvaient lui apporter du fait de leur dépendance à ses puces dissuadait la Chine de s'en prendre à elle. Mais si les Chinois se retrouvent poussés dans leurs retranchements, privés d'accès aux semi-conducteurs, ils pourraient bien être tentés par une entreprise d'annexion qui leur permettrait de mettre la main sur les puces taïwanaises. Il ne faut pas oublier que la guerre du Pacifique a en partie été motivée par la privation de l'accès aux matières premières imposées par les États-Unis au Japon. La détermination des Chinois à se doter d'industries de pointe les conduit également à investir massivement dans le développement de puces. Ils sont bien sûr encore loin du niveau d'excellence des Taïwanais, qui travaillent déjà sur des puces d'un nanomètre, mais, comme dans d'autres domaines, ils sont en mesure de faire des « sauts de grenouille » grâce à la qualité de leurs ingénieurs. Xi Jinping est le premier à encourager cette démarche. Selon lui, une *« trop forte dépendance à l'égard des technologies de base importées revient à construire notre maison sur les murs de quelqu'un d'autre. Peu importe sa taille et sa beauté, elle ne tiendra pas debout en cas de tempête.* » Cela favorise le phénomène du découplage, qui pourrait se révéler particulièrement dangereux.

« *Un "découplage" partiel des écosystèmes technologiques américains et chinois est en cours. Pékin joue un rôle actif dans ce processus, tout comme d'autres gouvernements et acteurs privés dans le monde. Mais le gouvernement américain a été le principal moteur de ce processus ces dernières années, avec son recours accru aux restrictions technologiques : contrôles à l'exportation, ordres de désinvestissement, refus de licence, interdictions de visas, sanctions, droits de douane, etc.* », rappelle Jon Bateman dans un rapport publié au printemps 2022 par Carnegie Endowment for International Peace. Il estime que « *Washington pourrait accidentellement déclencher un découplage chaotique et incontrôlable qu'il ne peut ni prévoir ni contrôler* », en ce sens que les États-Unis ne semblent pas très bien mesurer les conséquences de cette stratégie. « *Les préoccupations traditionnelles de la "politique technologique" et de la "politique chinoise" reçoivent une attention démesurée, tandis que les implications de second ordre dans d'autres domaines (comme la politique climatique) ne sont pas prises en compte. Et comme le discours sur la Chine aux États-Unis devient de plus en plus politiquement chargé, les arguments en faveur de la préservation des liens technologiques sont de plus en plus atténués ou ne sont pas du tout exprimés »*, souligne-t-il.

On comprend que la disparition des liens d'interdépendance qui existaient jusque-là et exigeaient un certain degré de coopération n'est pas sans danger, car elle pousse les deux pays à créer des zones d'influence indépendantes l'une de l'autre, autrement dit à diviser le monde alors qu'il n'a jamais eu autant besoin d'être uni pour s'attaquer au réchauffement climatique. Si la technologie est le moteur des superpuissances, elle est aussi la source de solutions à nos problèmes les plus épineux. Nous devons donc être très vigilants, car cette stratégie peut conduire à l'émergence de deux blocs antagonistes qui n'auront plus grand-chose à partager, si ce n'est une rivalité permanente.

Bâtir l'Europe mondiale

Je conviens que nous ne sommes pas dans l'univers géopolitique que George Orwell décrit dans *1984*, mais nous devons prendre garde à ne pas nous laisser entraîner sur cette pente dangereuse. Du temps de la guerre froide, l'intégration de l'Europe à *« la zone impériale dominée par les États-Unis »*, pour reprendre l'expression de Raymond Aron, était son

« alternative historique » parce qu'à l'époque, *« l'Europe des nations, qui dut sa fortune à la pluralité étatique et qui doit certainement aux grandes guerres la brutalité de sa chute, était, elle, hors d'état de retrouver le statut d'un sujet de plein exercice de l'histoire*[1] ». La réalité de la menace soviétique et le traumatisme de la guerre encore vif dans les mémoires interdisaient presque aux Européens de se projeter autrement. En 2022, le monde a radicalement changé et les rapports de force en cours de transformation imposent à l'Europe de redevenir *« un sujet de plein exercice de l'histoire*[2] ». C'est ma conviction. Ce qui est en jeu désormais, c'est la survie de l'humanité, et celle-ci ne peut pas dépendre de la seule bonne volonté de deux grandes puissances que la rivalité pousse aujourd'hui à ne défendre que leurs intérêts.

J'ai déjà évoqué l'émergence de nouveaux acteurs de taille continentale comme l'Inde, mais cette dernière n'a pas les moyens dont les Européens peuvent disposer collectivement pour peser. Dois-je rappeler que l'Europe fut le foyer de la culture occidentale, l'agent de son expansion à travers le monde ? Il serait sans doute clairvoyant de la part de l'Europe de renforcer ses liens avec New Delhi pour assurer

---

1. Raymond Aron, *Mémoires*, Robert Laffont, 2010.
2. Ibid.

une coopération gagnant-gagnant avec un pays d'Asie de plus en plus impliqué dans les affaires mondiales. Dans un entretien au *Figaro*, le 21 février 2022, le ministre des Affaires étrangères indien, Subrahmanyam Jaishankar, a reconnu qu'il y avait « *une nouvelle énergie et un certain sentiment d'urgence* » palpables du côté de l'Europe qui, à l'évidence, devait changer de braquet. « *Les Européens comprennent mieux que ce qui se passe dans l'Indopacifique les concerne et que le monde ne s'arrête pas à la périphérie de l'Europe* », concédait le chef de la diplomatie indienne parce que son pays est, lui aussi, en quête d'un partenaire d'équilibre. New Delhi a, avec la Russie, des relations particulières qu'il ne veut pas compromettre au nom des intérêts des États-Unis, mais face à la présence et aux ambitions de son puissant voisin chinois, il doit se rapprocher de Washington. Voilà pourquoi les Indiens cherchent à nouer des liens plus solides avec l'Europe, estimant qu'elle a le potentiel d'être un contrepoids utile dans un monde dominé par des approches confrontationnelles. Si les Indiens sont demandeurs d'un engagement de notre part, nous devons, quant à nous, faire attention de ne pas tomber dans certains de nos travers qui ont contribué, ces dernières années, à nous mettre en porte-à-faux avec de nombreux pays. Notre propension à nous poser en donneurs de leçon est de moins en moins appréciée, dans la mesure où nous ne sommes pas nous-mêmes exemplaires dans l'application des valeurs que nous défendons. « *C'est important que les démocraties se respectent mutuellement. Si je devais regarder les imperfections de l'Europe, ça pourrait m'occuper à plein temps, je pourrais faire une déclaration par jour. Mais je ne le fais pas. Bien sûr, les démocraties ont leurs défauts, mais sont assez ouvertes pour les reconnaître* », rappelait Subrahmanyam Jaishankar dans son entretien au *Figaro*.

Qu'on ne se méprenne pas pour autant. Je ne dis pas que nous devons renoncer à nos valeurs, mais je crois que nous devons savoir balayer devant notre porte. Ce qui était possible il y a encore cinquante ans, quand une partie du monde vivait presque repliée sur elle-même, empêchant sa population de savoir ce qui passait ailleurs sur la planète, ne l'est plus de nos jours. Malgré l'existence de puissants moyens de contrôle, comme la fameuse « grande muraille numérique » (*Great Firewall*) chinoise, tout le monde est au courant de ce qui se passe ailleurs et peut comparer avec ce qu'il vit au quotidien. Du temps de l'URSS, le citoyen soviétique, qui avait la chance de voyager au-delà du rideau de fer, cherchait à y rester, ce n'est pas le cas des millions de touristes chinois qui, jusqu'à la crise sanitaire, se rendaient dans les capitales occidentales. Ils savent que le système dans lequel ils vivent est loin d'être parfait, mais le nôtre ne leur apparaît pas suffisamment attractif. Nous devons être humbles et nous efforcer de redonner un élan vital à nos valeurs pour qu'elles redeviennent séduisantes, sans avoir à faire de leur adoption par d'autres une condition dans nos rapports à eux. D'autant qu'aujourd'hui, l'absence de cohérence dans notre discours sur ces questions, qui change selon nos interlocuteurs et l'importance qu'on leur accorde, nuit à notre crédibilité. Je souhaite bien sûr que l'Europe soit perçue à l'extérieur comme une sorte de front démocratique, mais celui-ci doit se présenter comme une part du monde et non comme un tout du monde. C'est à mon avis une condition pour faire concurrence au modèle autoritaire, dont l'un des meilleurs outils de séduction est justement de ne pas chercher à l'imposer aux autres. En effet, à la différence des Soviétiques qui ambitionnaient d'étendre le communisme à l'ensemble de la planète, les Chinois ne lient pas leurs investissements ou leur présence à la promotion de leur système politique et abordent rarement avec leurs partenaires les questions de politique intérieure. Pour le président sénégalais Macky Sall, cette coopération *« est non seulement pragmatique, mais aussi très efficace puisque essentiellement orientée vers les priorités définies par les Africains eux-mêmes* ». Encore une fois, je ne fais pas l'apologie de la politique chinoise, mais je constate avec lucidité qu'elle marque des points là où nous en perdons. Plutôt que de chercher à nous retrancher derrière l'idée que nous sommes les victimes d'agissements en sous-main des Russes et des Chinois, ce qui revient à nous déresponsabiliser, il est essentiel d'agir et de mettre en œuvre, notamment avec l'Afrique, le *« partenariat renouvelé »* que Charles Michel, le président du Conseil européen, et Macky Sall, président du Sénégal et de l'Union africaine, évoquaient dans une tribune commune publiée, en février 2022, dans *Le Journal du Dimanche*. J'ai trouvé très intéressant et révélateur que les deux hommes s'expriment sur la question du respect et des valeurs, mettant en avant l'idée que *« nos deux continents et leurs peuples partagent une proximité géographique, des langues et des liens humains et économiques. La paix et la sécurité de nos deux continents sont interdépendantes. Voilà pourquoi le premier principe fondateur doit être le respect*[1]. » Il faut désormais passer à l'action et faire la démonstration de cet engagement commun, faute de quoi nous reculerons face à ce que les Chinois appellent *« le pragmatisme »*.

1. « Les objectifs pour un partenariat renouvelé entre l'Afrique et l'UE », tribune du 15 février 2022.

Cela revient également à dire que la démocratie doit redevenir un projet pour les Européens, avant de servir de discours étendard vers l'extérieur. Quand le Parlement européen adopte, en septembre 2022, une résolution sur l'un des membres de l'UE, en l'occurrence la Hongrie, en la qualifiant d'« *autocratie électorale* », ou lorsque la Commission européenne prive ou menace de priver de fonds certains États-membres parce qu'ils ne respectent pas l'état de droit, je ne suis pas choqué, car nous devons être plus exigeants avec nous-mêmes qu'avec les autres. Nous devons d'abord nous préoccuper de ce qui se passe chez nous ; or la Hongrie, c'est chez nous, en Europe. La seule pédagogie qui vaille c'est l'exemplarité. Surtout que l'état de santé de la démocratie est aujourd'hui précaire sur notre continent. Un rapport rendu public fin novembre 2022 par l'Institut international pour la démocratie et l'assistance électorale (IDEA), basé en Suède, à Stockholm, le confirme : « *Bien que la démocratie reste la principale forme de gouvernement, 43 % des démocraties européennes ont subi une érosion démocratique au cours des cinq dernières années. Le pourcentage est encore plus élevé pour celles qui sont considérées comme très performantes* », peut-on y lire. J'entends certains observateurs rétorquer qu'il y a pire ailleurs. C'est vrai, mais à force de penser de la sorte, nous finissons par accepter la médiocrité. « *La maladie de notre temps, c'est la médiocrité* », disait très bien le philosophe Alexandre Zinoviev[1]. J'ajouterai que c'est le cancer de nos sociétés qui, au lieu de tendre vers le meilleur, choisissent le nivellement par le bas au nom de principes égalitaristes, séduisants sur le papier, mais dont les conséquences font des ravages et favorisent la régression progressive de notre place à l'international.

Il est intéressant de regarder le classement annuel des meilleures universités dans le monde établi chaque année par *Times Higher Education (THE)*. À l'issue de la publication, en octobre 2022, du World University Rankings 2023, Phil Baty, l'un de ses superviseurs, a noté que « *l'Europe est bien sûr une puissance florissante de l'enseignement supérieur et de la recherche de classe mondiale, mais un changement significatif de l'équilibre du pouvoir dans l'économie de la connaissance a eu lieu, les universités asiatiques dépassant désormais celles d'Europe* ». Voilà le type d'avertissements qui m'inquiète et devrait nous mobiliser afin de redresser la barre. Dans ce texte, j'ai évoqué l'humanisme européen et l'importance de le réinventer. Au centre de ce courant de pensée se trouvaient l'éducation et le partage des connaissances. Érasme avait raison :

1. « The 2012 Alexander Zinoviev Birthday book », Blurb, 2012.

« les hommes ne naissent pas, ils se fabriquent ». Encore faut-il qu'ils en aient les moyens et que ceux-ci soient tournés vers l'excellence. C'est notre seule possibilité de rivaliser avec l'incroyable essor de l'Asie qui, année après année, marque de nouveaux points. En août 2022, j'ai été frappé par les données publiées par le ministère japonais des Sciences et de la Technologie selon lesquelles la Chine est devenue leader mondial en matière de production de recherche scientifique et d'études à « fort impact » et représente 27,2 % du top 1 % des articles les plus cités dans le monde. Cela ne veut pas dire que nous sommes finis, mais que nous perdons du terrain. Si nous ne nous ressaisissons pas, la chute se poursuivra, et rattraper le retard exigera de nous encore plus d'efforts et de moyens. Plutôt que de rester les bras ballants, la collectivité doit se montrer capable de relever les défis et de réformer les institutions inadaptées aux nouveautés du siècle. Il s'agit vraiment d'une réaction collective imposant une politique de l'Éducation qui *« réformerait les programmes en y intégrant les thèmes permettant de comprendre et d'affronter nos problèmes vitaux »*, écrit Edgar Morin. Car, ajoute-t-il, nous avons besoin de *« la formation d'esprits interrogatifs, capables de problématiser et de douter, d'autocritiquer et de critiquer »*, c'est-à-dire d'être en mesure de tourner le dos au conformisme et à la médiocrité.

L'effort est d'autant plus nécessaire que nous sommes touchés par ce que Jean-Michel Blanquer qualifiait de *« nouvel obscurantisme »,* à savoir le *wokisme.* Je ne reviens pas dessus, mais je m'inquiète de sa progression, y compris au sein des instances européennes. *« Le wokisme est en passe de devenir une nouvelle religion, il en a la rigidité idéologique et un réseau très développé »,* explique Asra Nomani, vice-présidente de l'association parentale Parents Defending Education, dans les colonnes de *Charlie Hebdo*[1]. Il est essentiel de donner aux jeunes les meilleurs atouts pour aborder un monde où la place de notre continent est incertaine. J'en suis d'autant plus convaincu que certaines enquêtes d'opinion mettent en évidence une tendance aux solutions simplistes et dangereuses. J'ai en tête ce sondage d'*Opinions* réalisé au printemps 2020 selon lequel 53 % des jeunes Européens avaient plus confiance dans un État autoritaire que dans une démocratie pour s'attaquer au réchauffement climatique ! Ce chiffre doit vraiment faire réfléchir les autorités, parce qu'il met en lumière à la fois les doutes de la jeunesse vis-à-vis de la société dans laquelle elle évolue et sa difficulté à apprécier l'intérêt de la démocratie. À mon sens, c'est la conséquence d'un déficit en termes

1. Asra Nomani : « Le wokisme a la rigueur idéologique d'une nouvelle religion », Inna Shevchenko, 14 mai 2021.

d'éducation et d'un enlisement progressif de notre continent dans les classements mondiaux, comme le révèle désormais le Programme international pour le suivi des acquis des élèves (Pisa). Je ne dis pas que nous devons adopter les méthodes d'enseignement des pays asiatiques qui dominent très largement, mais cela appelle à une remise à plat de notre approche de l'école.

Cela suppose aussi de revoir notre conception de l'effort, sous peine d'enchaîner les déconvenues. Les petits Asiatiques sont souvent mieux lotis et se montrent plus à même de retrousser leurs manches pour prendre leur place dans le monde. Ce n'est pas une question de moyens, mais bien celle d'un état d'esprit. Sinon comment expliquer que de grandes entreprises internationales comme Alphabet, IBM, Nokia, GlobalFoundries, Adobe, Chanel, Microsoft ou Starbucks soient dirigées par des hommes et des femmes d'origine indienne, nés en Inde ? Cela devrait nous inciter à réfléchir à la soi-disant supériorité de notre modèle sur celui des pays en développement et réviser nos certitudes à ce sujet. Je crois également que nous devons apprendre à regarder ailleurs, surtout en direction du continent asiatique, afin de nous rappeler que le monde ne se réduit pas, je dirais même de moins en moins, à la sphère occidentale.

En 2004, le groupe de musique allemand Rammstein a sorti sa chanson *Amerika*, qui exprime une lassitude vis-à-vis de notre propension à croire que tout ce qui vient d'outre-Atlantique est bon pour nous. Les paroles de ce titre sont pour le moins explicites :

Wenn getanzt wird will ich führen (Quand on dansera, je conduirai)

Auch wenn ihr euch alleine dreht (Même si vous tournez tout seuls)

Lasst euch ein wenig kontrollieren (Laissez-vous un peu contrôler)

Ich zeige euch wie es richtig geht (Je vous montre ce qui est juste)

Wir bilden einen lieben Reigen (Nous construisons une ronde amoureuse)

Die Freiheit spielt auf allen Geigen (La liberté joue sur tous les tons)

Musik kommt aus dem weißen Haus (La musique vient de la Maison-Blanche)

Und vor Paris steht Mickey Maus (Et Mickey Mouse se tient devant Paris)

Je les cite parce que j'ai toujours pensé qu'une certaine vérité s'exprime à travers la culture populaire et qu'il faut s'y intéresser pour rester en phase avec la société. Je ne me prétends fan de metal, mais lorsqu'on m'a parlé de ce titre, j'ai été curieux de l'écouter, surtout qu'il émanait d'une formation allemande et qu'on me l'a fait entendre au moment où je venais de terminer la lecture d'un long texte d'Olaf Scholz dans la revue *Foreign Affairs* (janvier-février 2023). Celui-ci fait indirectement écho à la chanson en rejetant l'idée que « *nous sommes à l'aube d'une ère de bipolarité dans l'ordre international* » et à « *l'aube d'une nouvelle guerre froide, qui opposera les États-Unis à la Chine* ».

« *Je crois plutôt que nous assistons à la fin d'une phase exceptionnelle de la mondialisation, un changement historique accéléré par des chocs externes tels que la pandémie de la Covid-19 et la guerre en Ukraine. Au cours de cette phase exceptionnelle, l'Amérique du Nord et l'Europe ont connu trente ans de croissance stable, de taux d'emploi élevés et de faible inflation, et les États-Unis sont devenus la puissance mondiale décisive – un rôle qu'ils conserveront au* XXIe *siècle. Mais au cours de la phase de mondialisation qui a suivi la guerre froide, la Chine est également devenue un acteur mondial, comme elle l'avait été au cours des longues périodes précédentes de l'histoire du monde. L'essor de la Chine ne justifie pas que l'on isole Pékin ou que l'on restreigne la coopération* », affirme le chancelier allemand. Bien que critiquant les Chinois pour leur « *virage notable vers l'isolement et l'éloignement de l'ouverture* », le chancelier allemand prend une position qui tranche avec la stratégie européenne des trois dernières années, qui a consisté à *« suivre le droit chemin »* tracé par les États-Unis. Son rejet de l'idée d'une nouvelle guerre froide est intéressant, alors que depuis quelques années le vocabulaire lié à la confrontation entre Américains et Soviétiques est réapparu. En novembre 2018, l'ancien secrétaire américain au Trésor Henry Paulson a ainsi évoqué le risque lié à l'apparition d'un *« rideau de fer économique »*, tandis que Gordon Sondland, l'ancien ambassadeur des États-Unis auprès de l'UE, parlait de *« l'influence nuisible de la Chine »*. Il n'est pas dans l'intérêt des Européens de participer à cette logique de l'affrontement. Au contraire, tout en défendant clairement ses intérêts et en fixant ses lignes rouges, l'UE a tout intérêt à relancer et intensifier ses échanges politiques avec la Chine. Depuis que Bruxelles l'a qualifiée, en mars 2019, de *« rival systémique »*, les relations entre l'UE et Pékin se sont tendues et, pour les Européens, les Chinois sont devenus *« davantage des concurrents que des partenaires »*. La lecture de l'essai du chancelier allemand m'a rassuré à ce sujet, car il y exprime le désir de sortir du cercle vicieux de l'isolement qui primait jusque-là. J'aurais été encore plus satisfait si Olaf Scholz avait accepté la proposition française de se rendre avec Emmanuel Macron à Pékin pour le premier voyage européen en Chine à l'invitation de Xi Jinping. Cela aurait marqué concrètement le désir des deux pays de parler d'une seule voix, et surtout cela aurait constitué une suite logique à l'initiative du président français, il y a trois ans, d'organiser à Paris un mini-sommet avec Angela Merkel et Jean-Claude Juncker, alors président de la Commission européenne, lors de la visite officielle du Premier chinois en France. La crise sanitaire a brisé cet élan, raidissant les rapports entre la Chine et l'Europe tout au long de la pandémie. Il est incontestable que la présence du chef de l'État français et du chancelier allemand face à Xi Jinping aurait envoyé un signal fort aux Chinois qui, dans leurs discours, insistent sur le fait que *« la Chine n'est pas l'URSS d'autrefois »*. Ces paroles de Wang Yi, en août 2020, vont dans le sens du texte du chancelier allemand dans *Foreign Affairs*. Le ministre des Affaires étrangères chinois avait également rappelé, lors de sa conférence à l'Institut français des relations internationales, à quel point la coopération entre les deux parties pouvait avoir *« une portée mondiale »* et demandé *« un geste politique »* aux Européens. L'Accord global sur les investissements (AGI) entre l'Union européenne et la Chine, conclu et adopté le 30 décembre 2020, à l'issue de sept années de négociations, aurait pu figurer ce geste, mais l'atmosphère du moment, avec le fort ressentiment à l'égard de Pékin en Europe, ne s'y prêtait guère.

Les déclarations et prises de position de plusieurs diplomates chinois, surnommés « loups combattants » en raison de leur franc-parler, ont accru une certaine défiance dans l'opinion publique. Par ailleurs, la décision des autorités chinoises d'imposer à plusieurs entités et individus européens, notamment cinq eurodéputés, des sanctions jugées *« sans fondement et arbitraires »* a amené le Parlement européen à « geler » tout examen et discussion sur la ratification de l'AGI. Le déplacement d'une délégation du Parlement européen à Taipei ou encore la demande d'élus européens de lancer des travaux pour un accord bilatéral d'investissement avec Taïwan n'ont pas manqué d'accentuer les tensions entre Chinois et Européens. Celles-ci se seraient encore probablement accrues si certains projets américains n'avaient pas commencé à inquiéter l'Europe. Une nouvelle fois, elle semble découvrir que Washington défend, à juste titre, ses intérêts avant ceux des autres avec sa loi sur la réduction de l'inflation (Inflation Reduction Act, IRA), un énorme paquet de subventions industrielles qui menace d'attirer les entreprises européennes aux États-Unis et fait planer le spectre d'une guerre commerciale transatlantique. Bruno Le Maire a raison de dire que *« l'Union européenne doit apprendre à se défendre. Les grandes puissances ne se font pas de cadeau économique »*, mais cette déclaration met en lumière une certaine naïveté des Européens face à la dureté des relations internationales. Cela confirme les propos de Raymond Aron, qui écrivait, dans les années 1970, que *« l'ensemble européen a retrouvé sa place dans le marché mondial, mais non dans le système interétatique*[1] ». Comme l'avait aussi prédit Jean-Jacques Servan-Schreiber dans son *Défi américain*[2], les États-Unis sont passés dans « *dans un autre monde. Si nous* [les Européens] *n'y sommes pas parvenus de notre côté, ils détiendront un monopole de la technique, de la science, de la puissance moderne.* » J'ose espérer que le ministre de l'Économie, lorsqu'il affirme que *« nous avons basculé dans une nouvelle mondialisation ; le statu quo face à l'Inflation Reduction Act est impossible »*, a vraiment compris la nécessité pour l'UE de s'extraire de la trop forte influence américaine pour garantir avant tout ses propres intérêts. Ceux-ci sont clairs. Sur le plan politique, il s'agit de conquérir cette fameuse place dans le système interétatique qui lui permettra de choisir en toute conscience sa direction plutôt que de subir les aléas des relations entre les grandes puissances. En ce sens, je partage le constat d'Olaf Scholz, dans *Foreign Affairs,* pour qui nous sommes dans *« un nouveau monde multipolaire,*

1. Raymond Aron, op. cit., Robert Laffont, 2010.
2. Op. cit., Denoël, 1967.

où différents pays et modèles de gouvernement se disputent le pouvoir et l'influence », et je le suis dans son interrogation : « *Comment pouvons-nous, en tant qu'Européens et en tant qu'Union européenne, rester des acteurs indépendants dans un monde de plus en plus multipolaire ?* »

En revanche, je suis plus réservé quant à la réponse qu'il y apporte. « *Les Allemands ont l'intention de devenir les garants que nos alliés attendent de la sécurité européenne, un bâtisseur de ponts au sein de l'Union européenne et un défenseur des solutions multilatérales aux problèmes mondiaux* », écrit-il dans *Foreign Affairs*. Cette déclaration d'intention risque de créer plus de problèmes que d'en régler au sein de l'UE elle-même, ce qui ne facilitera pas l'émergence de cette Europe indépendante qu'il appelle de ses vœux. Nous avons vu dans ce livre que c'est l'absence d'une véritable cohésion européenne sur les questions de sécurité et de politique étrangère qui a contribué à balloter l'Europe au gré des tensions entre les grandes puissances. Si l'on peut comprendre le chancelier allemand dans son désir d'affirmer davantage le rôle politique de son pays après le choc de la guerre en Ukraine, lui-même devrait comprendre que cette ambition n'est pas sans risques pour l'unité et la sécurité de l'Europe, en particulier la relation avec la France sans laquelle la construction d'un bloc indépendant est forcément compromis. Son discours s'entend aussi parce que l'Allemagne se fragilise sur le plan économique. Il tente de compenser ce passage à vide, mais là encore, il devrait avoir un réflexe plus européen que national. Compenser la baisse de la puissance économique de l'Allemagne par une hausse de sa puissance militaire créerait un déséquilibre dangereux. Pour bâtir une Europe mondiale, Français et Allemand doivent se rapprocher, et avec les autres États membres définir une stratégie commune sur les nécessaires investissements d'avenir en Europe. C'est la stratégie et le leadership qu'elle produira qui donnera une chance à notre continent, encore faut-il qu'apparaisse un consensus européen pour échapper à la tenaille.

Échapper à la tenaille

L'Europe ne peut durablement rester entre ces deux feux qui nous fragilisent à l'Ouest et à l'Est. Nos choix sont restreints. Nous ne pouvons ni entrer en conflit radical avec la Chine pour faire plaisir aux Américains ni rompre nos liens forts avec l'Amérique pour des parts de marché chinoises. Le président de l'Association française des entreprises privées Laurent Burelle le rappelle aux dirigeants : *« Pour être mondiales, nos grandes entreprises doivent considérer les États-Unis et la Chine comme deux marchés impératifs.* » Je ne vois qu'un chemin pour nous libérer de la tenaille et tracer notre route dans l'équilibre et la liberté : construire un partenariat stratégique avec chacune des deux puissances.

Avec les États-Unis, notre bien commun, c'est la démocratie et ses valeurs. Cette fraternité est ancienne, elle n'est pas négociable. Défendre et améliorer nos démocraties, voilà un chantier dont l'urgence est réelle et pour lequel le leadership américain est acceptable. Malgré ses nombreux défauts, la démocratie américaine est remarquable dans beaucoup de domaines, comme notamment la participation électorale, véritable oxygène de nos valeurs. En France comme en Amérique, en Afrique, en Asie et ailleurs, les démocraties sont souvent critiquées de l'intérieur car elles se montrent impuissantes à régler leurs propres problèmes, bureaucratiques, donneuses de leçons, alors que bien loin d'être parfaites. Pourtant, ces régimes travaillent peu ensemble, par exemple pour échanger les bonnes pratiques et corriger les défauts. On note peu de contacts entre les démocraties israélienne, asiatiques et les institutions européennes. Les échanges existent, mais ne concerne pas l'analyse des systèmes. Joe Biden a lancé le projet d'un Front des démocraties, mais sa première réunion s'est concentrée sur la critique de la Chine. L'idée de base est bonne et donnera de la force à notre modèle, à condition que l'objet en soit les progrès des démocraties.

Avec la Chine, le dossier stratégique pourrait être le développement des pays émergents, notamment en Afrique. L'Europe ne pourra être heureuse si l'Afrique est malheureuse. Nos destins sont liés, historiquement, culturellement, géographiquement, économiquement et politiquement. Mais la vérité est que nous ne disposons plus des moyens financiers nécessaires au développement du continent africain. En revanche, notre grande connaissance de ce continent et de ses cultures est un atout pour nous. La Chine mesure bien les difficultés qu'elle y rencontre. Elle les sent même monter, notamment en raison du grand écart culturel. Par ailleurs, certains projets posent maintenant des problèmes politiques. Ensemble, l'Europe et la Chine pourraient construire une dynamique multilatérale plus puissante qui serviraient mieux les intérêts africains. Aujourd'hui, souvent les aides bilatérales sont considérées comme suspectes. Il y a quelques années, les entreprises françaises implantées en Afrique n'envisageaient pas favorablement la coopération avec des partenaires chinois. Les temps ont changé et l'approche multilatérale gagne du terrain.

Ces propositions devraient être vues d'un bon œil par nos deux grandes puissances, parce que les sujets retenus les intéressent directement et aussi parce que l'Europe serait un bon médiateur dans les périodes difficiles. L'Europe retrouverait un rôle mondial.

L'action pour le climat et les relations avec la Chine : priorités européennes

Nous savons, depuis les débuts de la construction européenne, que la politique extérieure sera le dernier dossier sur lequel les Européens parviendront à s'entendre. Il est vrai que la diplomatie est la substantifique moelle d'un État et que l'UE n'en est pas un. Il est donc encore très loin le jour où les Européens parviendront à développer conjointement leur politique étrangère. Toutefois, comme l'avait déjà suggéré Jacques Delors lorsqu'il dirigeait la Commission européenne, je pense qu'il faudrait mettre sur pied des *« actions communes de politique étrangère »* sur des points très particuliers : les relations avec la Chine et la stratégie climat. Sur ces deux questions, les États membres sont plus en accord qu'en désaccord et devraient être en mesure de dégager les intérêts qu'ils partagent et de décider à partir d'une majorité qualifiée (55 % des membres du Conseil de l'UE représentant au moins quinze États et au moins 65 % de la population de l'UE). Il ne s'agit pas de brader la politique extérieure de chaque pays, puisque chacun garderait la possibilité de conclure des accords particuliers dans divers domaines, mais bien de définir un socle commun sur lequel les Européens construiraient leurs relations avec Pékin quant aux dossiers majeurs pour notre planète. Cela permettrait à l'Europe de redonner des couleurs au multilatéralisme, car elle serait perçue comme un acteur agissant au nom de ses propres valeurs. Cela signifie aussi avoir un discours cohérent et amener la Chine à clarifier le sens des mots qu'elle utilise dans ses rapports avec les autres pays. « *Ce que nous voulons bâtir ensemble, c'est un cadre multilatéral rénové, plus juste, plus équilibré* », a déclaré Emmanuel Macron en mars 2019, à l'issue de cette « première diplomatique » que fut la rencontre à l'Élysee avec Xi Jinping, Angela Merkel et Jean-Claude Juncker. Le terme important dans cette déclaration est l'adverbe *« ensemble »*, et il faudrait qu'il soit plus souvent employé par les dirigeants européens lorsqu'ils parlent de la Chine. Pour ce qui est du *« cadre multilatéral rénové »*, je crois que c'est la question du réchauffement climatique qui se prête le mieux à son élaboration, dans la mesure où tout le monde a intérêt à une solution globale.

Il est intéressant de relever les résultats d'une étude du Parlement européen publiée en décembre 2022. Intitulée « UE-Chine 2030 : consultation d'experts européens sur l'avenir des relations avec la Chine », elle montre que le dossier prioritaire est *« la coopération sur le climat et le développement durable »* bien avant *« la réduction de la dépendance dans les chaînes d'approvisionnement »* et la *« la protection de la propriété intellectuelle »*. Sans parler d'alignement des planètes par rapport au propos de ce livre, le résultat de l'enquête menée à l'échelle de l'UE montre clairement le chemin à suivre. D'autant plus que, lorsqu'ils sont interrogés sur les faiblesses de l'Europe face à la Chine, les experts identifient, dans ce document, *« les divisions internes et le manque de cohésion entre les États membres en matière de politique étrangère vis-à-vis de Pékin comme la faiblesse clé dans les relations de l'UE avec la Chine »*.

Chine et climat sont indissociables dans l'agenda d'une Europe ambitieuse et désireuse d'exister sur la scène internationale. J'y attache beaucoup d'importance car cela oblige les deux parties à coopérer. Les Chinois disent souvent que *« la meilleure réponse contre la guerre, c'est la coopération »*. C'est ce dont nous avons le plus besoin aujourd'hui pour ne pas sombrer davantage dans la confrontation. *« À terme, dans un monde multipolaire, le dialogue et la coopération doivent s'étendre au-delà de la zone de confort démocratique* », explique Olaf Scholz dans son article *The Global Zeitenwende,* mélange anglo-allemand signifiant « le changement d'époque mondial »[1]. Et surtout, il ajoute que « *cet effort nécessitera du pragmatisme et un certain degré d'humilité* ». En lisant ces phrases, j'aimerais être sûr que nos dirigeants ont enfin compris quelle place occupe actuellement l'Europe dans le monde et les efforts à accomplir pour défendre ses intérêts. Il est indispensable de sortir du discours de circonstances auquel les responsables européens nous ont trop habitués depuis des décennies. Je me souviens encore des paroles de Jacques Delors, il y a tout juste vingt-cinq ans : « *Pourquoi n'y a-t-il pas, actuellement, de politique extérieure commune ? C'est parce que certains trouvent tout à fait confortable que les Américains règlent ou ne règlent pas les problèmes à notre place.* » Tout comme je me rappelle avoir écrit dans *Chine, le grand paradoxe* : « *Nous devons être pragmatiques et ne pas rester sur la défensive, comme nous le faisons aujourd'hui. Faute de quoi, nous risquons d'encourager Pékin dans sa stratégie de division.* » Pour nous mettre dans le sens de la marche, il convient d'abord de s'assurer que la prise de conscience est partagée

1. *Foreign Affairs*, janvier-février 2023.

par le plus grand nombre ou du moins par ceux qui ont le plus d'influence. Je pense bien sûr à la France et à l'Allemagne. Paris et Berlin ont une responsabilité historique, je pèse mes mots, dans ce fameux « *Zeitenwende* » évoqué par Olaf Scholz et que les Allemands ont choisi comme mot de l'année 2022.

Huiler les rouages européens

Dès les premières pages de cet ouvrage, je n'ai eu de cesse de souligner l'importance de la dimension continentale de l'Europe pour être reconnue sur la scène internationale. Alors que des pays-continents – j'ai évoqué les États-Unis, la Chine et l'Inde – expriment de plus en plus leur puissance, c'est une nécessité vitale pour les Européens de se réunir et d'élaborer une stratégie commune raisonnable et applicable. La construction européenne a été un chemin semé d'embûches, et ce n'est sans doute pas fini. Il existe de nombreux facteurs de division au sein même de l'UE et nous devons les corriger pour éviter qu'un ressentiment ne s'installe durablement et devienne ingérable. On a beaucoup parlé des gouvernements dits « illibéraux » ou de la montée de l'extrême droite dans d'autres pays, créant des tensions avec Bruxelles et les États ayant échappé à la poussée populiste. C'est particulièrement vrai en Europe centrale et orientale, où l'on a vu un bras de fer avec les institutions européennes, ces dernières pouvant raviver dans une partie de la population le souvenir de l'ingérence exercée par Moscou du temps de la guerre froide. D'ailleurs, les pouvoirs en place utilisent parfois cet argument pour mobiliser leur opinion publique contre les mesures décidées par Bruxelles. Je crois qu'il est indispensable qu'au sein de l'UE, les membres partagent les mêmes valeurs et les appliquent unanimement pour que la voix de l'Europe soit mieux perçue en dehors de ses frontières. Toutefois, il faut veiller à ne pas exacerber un sentiment anti-européen dans des pays dont les sociétés, en particulier en dehors des zones urbaines, n'ont pas toujours évolué à la même vitesse. Ce n'est d'ailleurs pas propre à ces pays, puisque nous avons connu en France aussi, sur d'autres sujets il est vrai, une certaine radicalisation dans les régions ayant plus subi que profité de la mondialisation. Brusquer les populations ne mènera pas au résultat escompté. Surtout dans le contexte de la guerre actuelle, où bon nombre de ces pays ayant enduré le joug soviétique ont considéré les États-Unis comme leur bouée de sauvetage à l'entrée des chars russes en Ukraine. En juin 2022, Zbigniew Rau, le ministre des Affaires étrangères polonais, a bien résumé leur état d'esprit. « *La Pologne perçoit l'engagement des États-Unis dans la sécurité européenne comme une condition fondamentale de la paix en Europe* », a-t-il déclaré en ajoutant que le leadership américain au sein de l'Otan avait été crucial dans « *l'adaptation rapide et efficace à la menace russe en 2016* ». Autrement dit, amener un pays comme la Pologne à sortir de l'orbite sécuritaire des Américains demanderait de très gros efforts, comme l'illustre la déclaration à l'automne 2022 de son Président qui se disait prêt à accueillir des armes nucléaires américaines sur son territoire.

D'autres éléments de division existent entre les Européens, et non des moindres. Conséquence directe de la guerre en Ukraine, la crise énergétique a réveillé quelques vieilles blessures entre membres de l'UE. Alors qu'un pays comme l'Allemagne, se retrouvant très exposé à la baisse des livraisons de gaz russe, a demandé la solidarité, certains ont rappelé l'attitude de Berlin au moment de la crise financière de 2008 vis-à-vis de l'Europe du Sud. La phrase assassine de Teresa Ribera, la ministre espagnole de l'Énergie, selon laquelle « *contrairement à d'autres, l'Espagne n'a pas vécu au-dessus de ses moyens en termes énergétiques* », souligne à la fois la fragilité de la cohésion européenne et la nécessité de privilégier l'unité pour éviter d'être à nouveau confrontés à de telles situations. Cela suppose là encore un engagement important de la Commission européenne, dont la mission doit justement être d'huiler les rouages pour favoriser et accélérer le rapprochement des positions de tous les membres. Je ne prétends pas que Bruxelles ne travaille pas dans ce sens, mais qu'il existe un déficit de communication à ce niveau, qui contribue très largement à favoriser une « europhobie » galopante. Si les spécialistes des questions européennes savent que le quotidien de l'UE consiste à travailler sur tous les sujets et à trouver des compromis pour avancer, ce n'est pas le cas de la majorité des citoyens. Ceux-ci ont l'impression soit qu'une partie de leurs difficultés provient des décisions bruxelloises, soit que la Commission cherche à imposer des changements sociétaux auxquels ils ne sont pas préparés. Je pense par exemple à la polémique, début 2022, sur la campagne publicitaire autour de la Conférence sur l'avenir de l'Europe où l'on voyait une jeune femme voilée invitant les Européens à faire entendre leur voix. Malheureusement, plutôt que de s'intéresser au contenu pourtant important du projet que cette affiche voulait promouvoir, le débat a porté sur le désir supposé de Bruxelles de défendre le port du voile. La question mérite bien sûr d'être abordée, mais pas de cette manière, car cela contribue à dévoyer le rôle de la Commission et surtout à la décrédibiliser aux yeux du grand public. Elle aurait sans doute davantage intérêt à *« décider plus vite et surtout décider plus fort »*, comme l'avait exprimé Emmanuel Macron en mai 2021. Cela dit, il faut ajouter que le rythme dépend grandement de la bonne volonté des États membres et, nous l'avons vu, il existe encore des freins.

France-Allemagne : la dimension continentale

À mes yeux, il ne fait guère de doute que l'élan européen dépend avant tout de l'entente franco-allemande, dans la mesure où elle a façonné en partie la construction européenne ; sans elle, il est impossible d'imaginer une Europe capable de rivaliser avec les autres grandes puissances. Au lendemain de la guerre d'Irak en 2003, Jacques Chirac m'avait demandé de me rendre dans les quatre grands pays qui, au Conseil de sécurité de l'Onu, avaient soutenu l'opposition de la France à cette guerre. Une réaction m'a frappé lors de cette mission : quand je louais l'engagement de notre pays contre cette guerre, j'ai reçu de nombreuses félicitations pour cette courageuse position… franco-allemande. La voie était française, l'accord franco-allemand. Cette entente a un réel poids mondial. En effet, la France et l'Allemagne, à elles deux, disposent de la dimension continentale en termes économique, démographique et sécuritaire. Ce qui leur permet de représenter une certaine puissance face aux États-Unis, à la Chine ou à l'Inde.

En 1950, l'axe franco-allemand n'est pas encore au cœur de la machine. L'Europe de Jean Monnet et de Robert Schuman, de la Communauté européenne du charbon et de l'acier (CECA) et de la Communauté européenne de défense (CED), est une Europe à six, vraiment multilatérale. La guerre est encore dans toutes les têtes, et la crainte de voir les Allemands replonger dans un nationalisme belliqueux explique cette situation. Les mécanismes mis en place sont destinés à maîtriser l'Allemagne sous un leadership politique français. Cependant, en 1954, l'échec de la CED, projet français conçu pour limiter l'impact du réarmement allemand imposé par les États-Unis, montre les limites de la France, d'autant que ce sont les députés français qui la sabordent. À partir de ce moment, l'avenir de l'Europe est intimement lié à la relation entre les deux voisins. C'est la rencontre entre Pierre Mendès France et Konrad Adenauer, en octobre 1954, qui est le premier marqueur de ce changement fondamental. Les liens personnels qui vont se nouer par la suite entre leurs dirigeants nous amèneront, surtout en France, à parler du « couple franco-allemand » avec peut-être comme arrière-pensée l'idée que les Français dominaient les Allemands. Quoi qu'on en dise, je suis persuadé que Paris n'a jamais vraiment voulu admettre que le rapport de force avec Berlin, en particulier sur le plan politique, avait plutôt évolué en faveur de l'Allemagne. Il est intéressant de rappeler, et cela doit nous interroger sur la nécessité de donner à l'Europe les moyens d'une autonomie stratégique, que Charles de Gaulle et Konrad Adenauer estimaient déjà que *« les Européens ne pouvaient plus se contenter de poursuivre l'intégration économique de la partie occidentale du continent, en s'en remettant aux États-Unis pour leur sécurité et la gestion du conflit Est-Ouest »*. Il fallait s'organiser, comme l'a rappelé Georges-Henri Soutou dans la revue *Politique étrangère*[1].

Si les Européens n'y sont pas réellement parvenus, sous la direction franco-allemande, il faut chercher les raisons à la fois dans le développement économique et dans la politique intérieure des deux voisins. Certes, la bonne entente entre Valéry Giscard d'Estaing et Helmut Schmidt, entre François Mitterrand et Helmut Kohl ou entre Jacques Chirac et Gérard Schröder, a permis de trouver certains

1. *Politique étrangère*, vol. 77, n°4, hiver 2012-2013.

compromis importants et d'éviter des tensions inutiles, mais il faut reconnaître que les souvenirs du passé polluent la manière dont nous devrions apprécier notre relation, qui a servi et sert encore de référence pour des pays aux antagonismes profonds. Je pense notamment à la Chine et au Japon, où l'on m'a souvent donné en exemple les rapports entre nos deux pays comme la voie à suivre pour la réconciliation. Il est vrai que Français et Allemands, après s'être tellement déchirés, ne considèrent plus la guerre comme une possibilité pour eux, mais cela n'est plus suffisant pour permettre à l'Europe d'avancer. Paris et Berlin ont été capables de montrer leur approche commune à certains moments importants, comme en 2003, lorsqu'elles se sont opposées à l'intervention américaine en Irak. Mais ces dernières années, sans parler de divorce, on a bien vu que les rapports se sont distendus au point de mettre en avant la rivalité au détriment de la complémentarité. Nous avons perdu ce je-ne-sais-quoi qui favorisait notre rapprochement. Jusque dans les années 1980, l'enseignement de l'allemand en France et celui du français en Allemagne, à l'instar des échanges entre les jeunes, ont nourri une attache particulière entre nos deux pays.

Mais au tournant de la décennie suivante, dans le contexte de la réunification des deux Allemagne, les choses ont changé, notamment du côté français, car cette évolution a été perçue comme l'expression concrète de la fin du leadership politique français. J'ai souvenir des titres de la presse hexagonale après que Berlin est redevenue la capitale allemande. On s'inquiétait du *« retour de la Grande Allemagne »*. Autrement dit, l'émergence de la perception de notre voisin comme une potentielle menace s'est accélérée à mesure qu'il marquait des points sur le plan économique et politique. En France, on guettait, comme on le fait encore aujourd'hui, le moindre signe de faiblesse pour se rassurer et se féliciter de voir la rigueur allemande se heurter à des difficultés. Ce type de comportements, même s'il peut se comprendre au niveau humain, ne peut que laisser des traces et contribuer chez nos voisins à des sentiments mitigés à notre égard. Il est loin le temps où Valéry Giscard d'Estaing et Raymond Barre adoptaient une politique budgétaire, monétaire et économique compatible avec celle de l'Allemagne. De nos jours, c'est un sujet de discorde régulier entre nous. *« Je ne pense pas qu'on puisse de façon réaliste s'attendre à des changements fondamentaux sur les critères de dette et de déficit, pour lesquels il faudrait une modification des traités »*, a ainsi déclaré, mi-janvier 2022, le ministre des Finances allemand, Christian Lindner, alors que son homologue français estimait : *« La croissance vient avant la stabilité. Il faut un pacte, il faut des règles communes, mais ce doit être un pacte d'abord de croissance.* » Allemands et Français ont une culture différente en termes de budget, mais ils ont toujours fini par trouver un compromis sur la question, dans la mesure où cela n'empêchait pas Paris de mener une stratégie budgétaire toujours libre. Faire figure de bon élève ne gênait pas l'Allemagne, au contraire, quant aux Français, ils pouvaient se flatter sur le plan intérieur de n'en faire qu'à leur tête. Après tout, c'est aussi ça, la France. Le seul problème, c'est que cette accumulation d'anicroches a conduit à la situation qu'Emmanuel Macron, encore candidat à la présidence de la République, avait bien analysée en janvier 2017. « *Ce qui bloque les choses, aujourd'hui, c'est le manque de confiance entre la France et l'Allemagne* », avait-il déclaré avant de pointer la « *responsabilité de la France* » dans cet état de choses. Encore une fois, le constat présidentiel est exact. Mais six ans plus tard, je ne suis pas sûr que nous ayons réussi à combler le fossé. D'une part, un certain nombre de réformes structurelles n'ont pas été menées en France, alors que cela fait des années qu'elles sont évoquées. D'autre part, nous avons au pouvoir des dirigeants qui n'ont pas connu la guerre et qui pensent que l'héritage de la paix est un acquis éternel. Quelle erreur ! La guerre en

Ukraine vient de le prouver. De ce point de vue, je me souviens du dernier discours de François Mitterrand devant le Parlement européen en 1995. « *Le nationalisme, c'est la guerre ! La guerre, ce n'est pas seulement le passé, cela peut être notre avenir* », avait-il déclaré, conscient sans doute de la précarité de la paix si les efforts pour la préserver ne sont pas régulièrement consentis.

Il n'a échappé à personne que ces dernières années, une poussée de populisme s'est déclarée un peu partout en Europe, laissant éclater au grand jour des sentiments nationalistes qu'on espérait disparus. Si l'on en croit une étude du Pew Research Center de 2021, la fierté nationale domine en Allemagne, plus qu'en France ou en Grande-Bretagne. 53 % des Allemands l'expriment, quand les Français ne sont que 45 % et les Britanniques, 41 %. Je ne veux pas dire que nous sommes revenus à l'époque sombre où les peuples pouvaient s'enflammer au moindre discours, mais il faut garder à l'esprit que le travail n'est pas fini et que vouloir emprunter des chemins divergents pourrait justement raviver de mauvaises pensées. Je ne sais pas si, comme l'a écrit Jacques Attali, « *une nouvelle guerre franco-allemande redeviendra possible, avant la fin de ce siècle*[1] ». Toutefois, je suis convaincu que les

1. « *La guerre entre la France et l'Allemagne redevient possible* », Attali.com, 26 octobre 2022.

responsables actuels doivent mesurer les dangers de l'absence d'une véritable entente entre Paris et Berlin. Depuis plus de trois décennies, nous avons eu tendance à balayer sous le tapis tout ce qui constitue les problèmes structurels de nos rapports. Maintenant que la guerre est revenue sur notre continent, nous devons impérativement faire le ménage de fond en comble de manière à créer une base saine et sans arrière-pensées. Les circonstances s'y prêtent parce que chacune de son côté, la France et l'Allemagne sont dans une position de faiblesse qui devrait les inciter à se concerter pour ressortir plus fortes.

« *Je propose en premier lieu à l'Allemagne un partenariat nouveau. Nous ne serons pas d'accord sur tout, ou pas tout de suite, mais nous discuterons de tout. À ceux qui disent que la tâche est impossible, je réponds : vous vous êtes habitués à la résignation, pas moi.* » Ces paroles du président Macron, prononcées, en septembre 2017, à La Sorbonne, sont de ce point de vue encourageantes. Elles indiquent une bonne volonté. C'est ce qui manque le plus actuellement aux Français et aux Allemands dans leurs relations. Après la parole doivent suivre les actes. Nous nous sommes trop accoutumés aux rendez-vous qui sont l'occasion pour les plumes de nos dirigeants de construire de belles phrases et de s'autoriser des envolées lyriques, tout comme nous avons fini par accepter que celles-ci soient suivies de si peu d'effets. Un discours chasse l'autre. Quand tout va bien, ces exercices de rhétorique ne prêtent pas à conséquence. En revanche, lorsque les difficultés nous assaillent, nous sommes en droit d'attendre de ceux qui nous gouvernent un engagement allant au-delà des simples mots. Cela nous ramène à la question de la confiance dans la parole politique. Ce qui est valable au niveau de la politique intérieure vaut également sur les sujets européens. Il convient donc d'élaborer un projet concret à partir duquel Paris et Berlin pourront imaginer les rouages d'une nouvelle coopération fondée sur des bases solides et non sur des usines à gaz comme cela a été le cas, dans le passé, pour montrer que tout allait bien alors que les relations se détérioraient. Plusieurs facteurs devraient aujourd'hui inciter Berlin et Paris à reconsidérer leur partenariat. Si, après le début de la guerre en Ukraine, le front entre l'Europe et les États-Unis a été considéré comme la seule option possible pour contrer la Russie et s'assurer de son échec militaire, celui-ci a commencé à se fissurer malgré les apparences d'une entente sans faille. Les relations avec les États-Unis sont un enjeu majeur de la relation franco-allemande.

Les dirigeants européens manifestent régulièrement leur amitié avec les Américains, comme l'a fait Emmanuel Macron, début décembre, lors de sa seconde visite d'État à Washington. Il a fait l'éloge du président Joe Biden et de son administration, et a reçu en retour les plus chaleureux témoignages d'amitié. « *La température est peut-être fraîche en cette matinée lumineuse de décembre, mais nos cœurs sont chauds d'accueillir des amis si proches à la Maison-Blanche* », a notamment déclaré le président américain qui avait le désir, en invitant son homologue français, de faire oublier l'affaire des sous-marins australiens de 2021. Bien qu'elle soit révélatrice du comportement américain qui privilégie ses intérêts aux dépens des autres, y compris de ses alliés, cette affaire ne constitue plus un sujet de discorde avec Paris. La France a sans doute compris que, sur cette question, elle n'avait pas les moyens de peser face à Washington dont la priorité est plus que jamais l'Indopacifique. En revanche, le chef de l'État français a mis sur la table des questions économiques, sachant que ce thème était de nature à mobiliser ses partenaires européens, et notamment l'Allemagne.

La loi sur la réduction de l'inflation et celle sur les semi-conducteurs, votées l'été dernier par le Congrès américain, accordent des subventions à ses industriels, désavantagent les producteurs étrangers et risquent d'entraîner une fuite des investissements de l'Europe vers les États-Unis. Emmanuel Macron a estimé que ces deux sujets étaient susceptibles de « *fragmenter l'Occident* ».

Cette déclaration est intéressante, car on peut y voir le besoin de mettre à la fois Washington et Bruxelles devant leurs responsabilités et d'amener les partenaires européens de la France, Berlin en tête, à agir et à défendre concrètement leurs intérêts. Cela va dans le sens des prises de position de la Commission européenne. En décembre 2021, Valdis Dombrovskis, son vice-président exécutif, a rappelé que « *dans un contexte de tensions géopolitiques croissantes, le commerce est utilisé de plus en plus comme une arme, et l'UE et ses États membres sont la cible d'intimidations économiques.* […] *Nous envoyons un message clair indiquant que l'UE fera preuve de fermeté pour défendre ses intérêts*[1]. » Celui-ci ne s'adresse pas seulement aux États-Unis qui, depuis une décennie, ont renforcé leur arsenal économique à travers plusieurs textes législatifs agressifs et intrusifs. Il vise aussi la Chine, dont on a vu que, pour répondre aux sanctions et décisions américaines, elle a multiplié les mesures qui touchent les Européens. Mais l'on voit bien que les déclarations de l'UE ne sont pas suffisantes pour empêcher Washington d'adopter de nouvelles lois susceptibles d'affaiblir encore l'Europe. Il n'est pas besoin d'être grand clerc

1. « L'UE renforce la protection contre la coercition économique », 8 décembre 2022, site officiel de l'Union européenne.

pour comprendre que les États-Unis n'ont cure des états d'âme européens. Je garde en tête les propos de John Bolton, l'ancien conseiller à la Sécurité nationale de Donald Trump, selon lequel « *cela dépasse le cadre purement économique. Il ne s'agit pas de droits de douane ou de la teneur de nos échanges commerciaux. C'est une question de puissance.* » Nous y voilà.

Encore une fois, il est impératif que l'Europe comprenne le changement de paradigme qui s'est opéré au cours de la dernière décennie. Nous sommes revenus à un monde où la logique de puissance s'impose. L'Europe a cru qu'un ordre mondial fondé sur des règles finirait par émerger. Sur le plan économique, le commerce, le taux de change et, de plus en plus, les relations financières étaient régis par des principes communs. Tout ceci a volé en éclats parce que, justement, les grandes puissances ont entrepris de remettre au premier plan le bilatéralisme, entraînant dans leur sillon le reste du monde qui doit trouver les moyens de s'y adapter, ou d'y répondre pour les plus audacieux. Pour cela, il faut se montrer moins naïf que les Européens bercés d'illusions face à l'Amérique protectrice. Certaines voix, comme celle de Thierry de Montbrial, président de l'Institut français des relations internationales (Ifri), commencent à s'élever pour exposer des réalités susceptibles de susciter un certain malaise. Dans un entretien accordé au *Journal du Dimanche,* le 3 décembre 2022, ce spécialiste reconnu déplore : « *En moins de neuf mois, les États-Unis auront réussi à rogner les ongles de l'ours russe et à maintenir l'Europe dans leur giron en accroissant la dépendance européenne aux sources d'énergie américaines.* » Car, ajoute-t-il, « *il existe aujourd'hui aux États-Unis des acteurs qui souhaitent que la séparation entre l'Europe et la Russie devienne irréversible* ». Si cette affirmation est officiellement contestée par les autorités, elle illustre toutefois le fait que des observateurs avisés s'inquiètent de voir les Européens si dociles face à notre allié américain. Pour que la liberté remplace la docilité, il faut d'abord que Français et Allemands, qui constituent ensemble une force de dimension continentale, acceptent d'incarner cette force, en ne se laissant pas diviser par les autres, et soient capables de convaincre les autres Européens. Il n'y a pas de force sans leadership, et en Europe, par construction, il ne peut y avoir qu'un leadership partagé.

L'inflation, enjeu géopolitique

La phase de violence dans laquelle la planète est entrée a surpris l'Europe qui, convaincue que l'idéal de paix dont elle était l'incarnation gagnerait le reste du monde, a longtemps négligé sa défense au profit du développement de son marché. À un niveau moindre, c'est le même schéma qui s'est mis en place au Japon à travers sa Constitution pacifiste de 1947. Tout au long des quatre décennies qui ont suivi sa défaite en 1945, le pays du Soleil-levant s'est peu préoccupé de sa défense pour se concentrer sur sa reconstruction puis sur le développement de son économie. Bien que leur ayant toujours prêté allégeance, le Japon a fini par se heurter aux États-Unis, peu enclins à accepter d'être sous l'influence économique et financière nippone. Tokyo a dû avaler de nombreuses couleuvres pour s'adapter aux exigences américaines, pas toutes infondées d'ailleurs. Les bouleversements induits par la fin de la guerre froide en Asie, avec l'émergence de la Chine, ont conduit le Japon à chercher sa place dans le monde avec la même difficulté que les Européens, du fait de la même faiblesse de détermination à sortir de la sphère d'influence américaine. Ils ont bien osé quelques tentatives, mais elles ont toutes été annihilées à cause de ce fil à la patte que sont les liens de défense avec les États-Unis. C'est tellement vrai qu'en 2016, quelques jours après l'élection de Donald Trump, qui pendant sa campagne avait menacé entre autres le Japon de revoir le traité de sécurité nippo-américain, Shinzo Abe, alors Premier ministre, s'était rendu spécialement à New York afin de recevoir l'assurance du président élu qu'il ne mettrait pas sa menace à exécution. Quelques semaines plus tard, à la Maison-Blanche, Trump, ayant réaffirmé l'engagement militaire américain, obtenait du Japon des concessions commerciales.

Si j'évoque l'exemple japonais, c'est que j'y vois des similitudes avec l'Europe, où l'on a fini par être accro *« à l'insu de notre plein gré »,* pour reprendre l'expression ironique des Guignols de l'info, à la protection américaine. La guerre en Ukraine en est la dernière illustration, et elle est brutale, car elle a révélé la nécessité de réarmement et jeté l'Europe dans les bras de l'industrie militaire américaine. La plupart des gouvernements européens se sont en effet précipités pour combler leurs lacunes en achetant des avions de combat, des hélicoptères et des missiles antichars aux États-Unis. Non seulement ces achats « sur étagère » offrent la garantie d'un approvisionnement plus rapide, mais ils sont également bien moins onéreux que le développement d'alternatives européennes, ne serait-ce que parce qu'une grande partie des coûts initiaux de développement des armes de fabrication américaine ont été pris en charge par les contribuables américains. Je ne vais pas dresser l'interminable liste des matériels américains ni les sommes astronomiques que cela représente. Je ne veux pas non plus jeter la pierre aux États-Unis, les principaux bénéficiaires, mais plutôt souligner notre responsabilité collective dont l'une des conséquences est d'avoir laissé les États-Unis piloter l'architecture de sécurité en Europe, de manière à répondre d'abord à leurs intérêts. On voit bien que tout est lié et que les Européens doivent se montrer déterminés sur les grands dossiers économiques, dans la mesure où ceux-ci définissent aussi leur capacité à gagner leur liberté de mouvement sur la scène internationale. Cela ne veut pas dire que nous devons tourner le dos aux Américains avec qui nous partageons une histoire et des valeurs, mais qu'il nous faut élargir nos marges de manœuvre pour préserver notre capacité de décision sans qu'elle soit subordonnée à une quelconque dépendance. En ce sens, ce que la crise ukrainienne révèle de notre relation avec Washington doit vraiment nous servir de leçon. Thierry de Montbrial estime que « *l'UE va ressortir très affaiblie de cette guerre et d'autant plus qu'elle n'aura pas modifié son mode de fonctionnement*[1] ».

Les responsables européens n'aiment pas entendre ce genre de propos qui mettent en cause leur gestion et celle de leurs prédécesseurs. De toute façon, on ne pourra pas revenir en arrière pour corriger la trajectoire. En revanche, nous devons saisir les occasions quand elles se

---

1. Thierry de Montbrial : « Arrêter la guerre en Ukraine dépendra des États-Unis », *Le Journal du Dimanche*, le 3 décembre 2022.

présentent. La question de l'Inflation Reduction Act (IRA) en est une. Promulguée le 16 août 2022, cette loi est un paquet de 430 milliards de dollars de dépenses fédérales, d'allégements fiscaux, de crédits et de prélèvements visant à lutter contre le changement climatique, à réduire les coûts des soins de santé et à faire payer aux grandes entreprises leur « juste part » d'impôts. Ce texte est une version réduite de l'ambitieux plan Build Back Better du président Joe Biden, qui n'a pas été approuvé par le Sénat à la fin de l'année 2021. Outre son objectif de réduction de l'inflation, cette loi constitue le plus important train de mesures climatiques de l'histoire des États-Unis. Elle affecte 370 milliards de dollars à des financements et des investissements axés sur le climat visant à réduire les émissions d'environ 40 % par rapport aux niveaux de 2005 d'ici à 2030. Marquant un changement dans la politique climatique des États-Unis, l'IRA associe des objectifs d'action climatique à une politique industrielle, visant à assurer la transition vers des énergies propres en encourageant la fabrication locale de composants d'énergie renouvelable. Elle vise également à réduire la dépendance américaine vis-à-vis de la Chine pour les matériaux et les composants destinés à l'industrie des énergies propres. En 2021, une étude de l'administration Biden sur les chaînes états-uniennes d'approvisionnement en énergie propre a révélé cette forte dépendance et a montré que les industriels américains étaient en retard sur les Européens dans des domaines clés. L'IRA représente une nouvelle illustration de cette propension des États-Unis à construire des obstacles sur la route de leurs concurrents dès qu'ils se sentent devancés. Que cette loi concerne principalement ce qui touche au climat montre que Washington a bien compris l'importance de cette question qui, au regard des sommes mobilisées, fait partie de ses priorités. L'IRA constitue *« l'action la plus importante jamais entreprise aux États-Unis pour faire face à la crise climatique »*, affirme le gouvernement américain. Autrement dit, je pense que les propos rassurants de Joe Biden à Emmanuel Macron sont de la poudre aux yeux. Son objectif est clair. Il s'agit de prendre la main et de s'assurer que les entreprises américaines conquièrent des parts de marché quitte à écraser leurs concurrents, chinois bien sûr, et… européens s'il le faut.

L'exemple des véhicules électriques est éclairant. Les différentes aides de l'État – subventions industrielles ou incitations fiscales à acheter américain – ont pour premier objectif de créer une industrie du véhicule électrique digne de ce nom alors que l'industrie américaine dans ce domaine représente 10 % de la production mondiale, et l'européenne 25 %. Si je prends l'exemple de l'automobile, c'est que ce secteur représente 7 % du PIB de l'Europe et 10 % de ses emplois manufacturiers, et qu'il a longtemps été l'une des principales sources d'exportation européennes – vers la Chine et les marchés tiers. Du fait du retard pris par les Américains, malgré le rôle pionnier de Tesla, le marché local est très peu développé. En 2021, seuls 5 % des véhicules américains vendus étaient électriques. En Chine et en Europe, ce chiffre tournait autour de 16-17 % . L'enjeu est donc colossal. On comprend que l'entreprise menée par l'administration américaine vise ni plus ni moins à changer le cours de l'histoire industrielle en incitant massivement la production de véhicules électriques sur son sol, tout en encourageant l'approvisionnement en composants américain. Ainsi que le souligne l'Institut Montaigne dans une note publiée début décembre 2022 ; *« L'IRA pénalise non seulement les véhicules électriques et batteries produits et assemblés en Europe, mais également les industries européennes basées aux États-Unis dont les chaînes d'approvisionnement se trouvent majoritairement en dehors du territoire américain »*, puisque seulement 20 % de la chaîne d'approvisionnement des Européens se trouve sur le Vieux Continent. Il est difficile de ne pas y voir un coup de poignard dans le dos de la part des Américains qui, tout en étant des chantres du libre-échange, ont toujours su dégainer des armes protectionnistes. Dans son livre *Histoire mondiale du protectionnisme*[1], Ali Laïdi rappelle justement que « *protéger "les industries dans l'enfance" figure dès 1791 parmi les priorités du programme d'Alexander Hamilton, premier secrétaire au Trésor de l'histoire des États-Unis* ». Rien de nouveau, donc, sous le soleil. Le marché lié à la transition écologique est considérable. On ne parle pas de centaines de milliards mais de milliers de milliards de dollars, ce qui ne peut que motiver le peuple d'entrepreneurs que sont les Américains. Vue d'Amérique, rien ne s'oppose à cette stratégie. En revanche, pour les Européens, cela risque de se traduire, sinon par une désindustrialisation, du moins par un coup d'arrêt au retour de l'Europe sur le devant de la scène industrielle. Seule une position commune des Français et des Allemands sur ces sujets peut donner quelque consistance à la réaction européenne.

La presse rapporte déjà des informations peu encourageantes. Le Belge Solvay a décidé de participer à un projet géant de batteries outre-Atlantique, tandis que l'énergéticien espagnol

1. Passé Composé, 2022.

Iberdrola a annoncé qu'il y concentrera près de la moitié de ses investissements des prochaines années. Ces mauvaises nouvelles concernent beaucoup l'Allemagne. Depuis le début de l'automne 2022, elles se sont succédé. Tesla a annoncé son intention de geler le projet d'une usine de batteries outre-Rhin avant même que le Suédois Northvolt décide de construire aux États-Unis l'unité de fabrication géante de batteries qu'il devait initialement installer dans le Schleswig-Holstein à partir de 2025, tandis que Volkswagen et BMW envisagent d'y accroître leur capacité de production. Pour Berlin, cette tendance ne peut qu'être inquiétante, compte tenu de l'importance de l'industrie dans ce pays. Les Allemands semblent sonnés par ce très mauvais coup de Washington. *« L'UE a besoin d'urgence de nouveaux instruments pour éviter encore sa désindustrialisation rampante »*, a réagi Thomas Schäfer, l'un des dirigeants de Volkswagen, car, a-t-il dit, *« l'IRA agit comme un aimant sur l'industrie automobile internationale »*. Tout en mesurant l'égoïsme de cette décision des États-Unis et l'ampleur des dégâts qu'elle peut provoquer en Europe, je pense que, paradoxalement, elle constitue pour nous une chance de réagir et d'engager un bras de fer avec les Américains plutôt que d'attendre de leur part des concessions qui, de toute façon, seront insuffisantes pour arrêter cette lame de fond. Les malheurs de l'inflation, un sujet sur lequel l'histoire de l'Allemagne est tragiquement éloquente.

France-Allemagne : du couple au contrat

C'est maintenant qu'il faut se souvenir de l'Histoire et des échecs. Comme l'a écrit Thucydide dans *La Guerre du Péloponnèse, « à quoi bon insister sur les erreurs passées, si ce n'est dans la mesure où cela peut nous aider dans la situation présente ? Quant à l'avenir, il faut l'assurer en nous battant, sans ménager notre peine, pour préserver ce que nous possédons.* » La question posée relève de ce que Thierry Breton, commissaire européen chargé du Marché intérieur, considère à juste titre comme « *un défi existentiel* » pour l'Europe. Dans ce contexte, je ne vois pas d'alternative à l'unité de la France et l'Allemagne pour amener les États-Unis à revenir sur leurs mesures les plus discriminatoires et surtout s'assurer que les autres membres de l'UE se mobilisent dans le même sens. « *N'oubliez donc pas à quelle puissante cité nous avons affaire* », nous rappelle encore l'historien grec.

Il y a une certaine urgence à s'organiser et à trouver les ressources pour s'adapter à cette nouvelle réalité. « *Nous avons déjà une guerre.*

La dernière chose dont nous avons besoin est une guerre commerciale en plus », a déclaré Margrethe Vestager, commissaire européenne à la Concurrence. C'est évident. Je suis bien sûr favorable à la recherche de compromis avec nos amis américains, mais nous ne devons pas nous bercer d'illusions et nous laisser endormir sur des promesses qui n'engagent que ceux qui veulent y croire. Ce qui se joue, c'est le leadership dans le domaine le plus déterminant des cinquante prochaines années. L'Europe a donc la responsabilité de ne pas rater l'occasion de devenir une référence mondiale. Autrement dit, il nous faut retrousser nos manches et accepter de résister pour ne pas nous laisser marginaliser une nouvelle fois. La mobilisation des Français et des Allemands sur ce dossier montre que le réveil a peut-être enfin sonné simultanément chez les deux voisins. Ces dernières années, on a eu la nette impression qu'un décalage s'était installé entre eux, comme s'ils avaient perdu l'habitude de voir la même chose par la fenêtre européenne. Aussi, on ne peut que se féliciter de ce changement. Encore faut-il qu'ils se coordonnent pour que la réponse européenne soit à la hauteur de l'enjeu. Cela signifie qu'ils doivent s'assurer que l'Europe devienne un continent compétitif, décarboné, où l'énergie est à prix faible. Pour cela, il faut qu'ils poussent pour rendre les règles en matière de subventions étatiques plus simples, plus rapides et plus ciblées afin de faciliter les investissements verts. Ils doivent aussi s'assurer que tous les pays européens soient traités de manière égale pour ne pas provoquer un ressentiment chez certains membres, comme ce fut le cas par le passé. C'est d'autant plus nécessaire que les membres de l'UE ne sont pas tous logés à la même enseigne, les États n'étant pas tous capables de fournir autant d'aides. La solidarité doit donc jouer à plein régime dans ce domaine car, en définitive, nous avons tout à y gagner collectivement. Dans ce sens, l'idée de créer un nouveau fonds souverain d'investissement européen me semble intéressante. Mais l'Allemagne, entre autres, n'y est pas favorable. C'est regrettable, et il est indispensable que la France, elle, la soutienne et œuvre à convaincre Berlin de l'utilité de cet argent dans la mise sur orbite du « plan vert » européen sans lequel l'Europe n'a aucune chance d'avoir voix au chapitre au cours des décennies à venir. J'insiste sur l'importance d'une plus grande coordination entre les Français et les Allemands dans la mesure où elle détermine l'harmonie au sein de l'UE. Sans elle, impossible d'avancer, et les Européens devront se contenter de réagir à travers de beaux discours et d'éventuelles plaintes auprès de l'Organisation mondiale du commerce, que les États-Unis ont tendance à ignorer depuis plusieurs années, du fait de l'affaiblissement du multilatéralisme déjà évoqué. Cependant, il est clair que la remise sur pied de la coopération franco-allemande ne dépend pas seulement de la question environnementale. Le problème est plus large et doit être pris en considération par les deux partenaires pour assainir leur relation et permettre à l'UE de jouer sa partition. On a eu beaucoup tendance, ces derniers mois, à expliquer les difficultés de communication entre Paris et Berlin par la guerre en Ukraine et le chaos induit, situation inédite depuis 1945. Si l'on ne peut pas balayer d'un revers de main cette explication, je pense qu'elle est un peu facile et surtout qu'elle ne permet pas de saisir la profondeur du malaise. Car il s'agit bien d'une crise profonde que les deux capitales tentent tant bien que mal de dissimuler en trouvant des compromis bancals et inutiles. Il est normal qu'entre deux amis, il y ait parfois des moments de tension. On ne peut pas être d'accord sur tout. Mais l'amitié exige que l'un et/ou l'autre prenne sur lui et mette sur la table les choses qui ne vont pas. S'il en va ainsi entre les hommes, ce constat est valable pour les États, en particulier la France et l'Allemagne.

Comme je l'ai déjà expliqué, l'une des raisons d'être de l'Europe a été de maîtriser collectivement la puissance de l'Allemagne. Et cela a parfaitement fonctionné. Depuis la fin de la Seconde Guerre mondiale, les Allemands n'ont jamais plus fait parler d'eux en dehors de leur incroyable succès économique et industriel. Leur armée, la Bundeswehr, a notoirement été sous-financée parce que, justement, il fallait éviter d'effrayer les autres Européens, la France en particulier. De son côté, cette dernière a pris, de facto, la direction politique de l'Europe. Ce fonctionnement a bien convenu aux deux pays, ainsi qu'à l'UE, pendant de nombreuses années. Leur complémentarité permettant à chacun d'agir dans son domaine de prédilection. L'Allemagne pouvait négliger la géopolitique et se concentrer sur le commerce ; la France, en tant que seule puissance nucléaire du continent, dotée d'une armée sérieuse et d'un siège au Conseil de sécurité de l'Onu, pouvait rayonner de toute sa puissance, sans trop se préoccuper de son endettement et de ses déficits à répétition. Il était légitime de parler de moteur franco-allemand. Mais à force de faire profil bas et de voir la France faire le contraire, l'Allemagne a fini par s'agacer. Soudain, avec la crise ukrainienne, cette divergence sous-jacente est remontée à la surface, provoquant des frictions entre les partenaires.

À cause de la guerre, Berlin se retrouve confrontée à deux problèmes majeurs et inédits. Tout d'abord, son modèle de croissance est menacé à la fois par les sanctions contre la Russie et par la coupure brutale de l'approvisionnement en gaz russe. Pour la première fois depuis des années, l'acteur économique central de l'Europe, dont dépendent tant d'autres membres de l'UE, importe plus qu'il n'exporte. Par ailleurs, les Allemands ont fini par comprendre que la France ne protégeait pas l'Europe de la menace russe, mais que c'était l'Otan. Bien sûr, on pourrait leur opposer qu'ils ont soit fait preuve de naïveté, soit fermé les yeux parce qu'au fond, ça les arrangeait. Ce genre de réponse flatterait peut-être notre orgueil, tout comme se féliciter des difficultés économiques de notre voisin, mais en aucun cas elle ne permettrait de répondre à la situation qui s'est révélée après l'entrée des chars russes en Ukraine. L'Allemagne a réalisé que la France n'était pas en mesure d'assurer la politique de sécurité et de défense dont l'Europe a besoin. Et Paris s'est senti blessé non seulement parce que la guerre en Ukraine a réellement mis en évidence ses faiblesses en matière militaire, mais aussi parce qu'en dépit des perches tendues à l'Allemagne sur la sécurité, celle-ci est restée évasive. La réaction des Français a donc été vive, notamment après la décision allemande de commander des avions de combat américains F-35 et non des Rafales français. À leurs yeux, cela illustre le manque d'engagement européen des Allemands. Cependant, les récriminations permanentes ne servent à rien, sinon à entretenir un mauvais climat, d'autant que l'attitude de Berlin s'explique par une frayeur populaire inédite à laquelle les dirigeants ont dû répondre dans l'urgence.

Après la sidération que la guerre en Ukraine a provoquée, il est important que les Français et les Allemands se retrouvent pour évoquer la question de la sécurité en Europe. Paris doit reprendre l'initiative dans ce domaine et montrer clairement la voie. Les Allemands en quête de repères ont besoin d'être aiguillés plutôt que livrés à eux-mêmes, risquant ainsi de prendre des décisions susceptibles de créer de nouvelles divisions avec Paris et d'autres capitales européennes. Rappelons à quel point l'annonce de l'Allemagne d'accorder 100 milliards d'euros à sa défense a fait l'effet d'une bombe en France. « *Les Français pensent qu'ils ont besoin de l'Otan, dont ils sont l'un des plus importants contributeurs militaires après les États-Unis, mais aussi d'une approche européenne, alors que les Allemands, après avoir semblé conscients des intérêts européens spécifiques, sont complètement revenus au parapluie américain. Ils ne veulent pas développer une industrie de défense spécifiquement européenne, à moins que ce ne soit une industrie allemande sous contrôle américain »*, estime Bernard de Montferrand, ancien ambassadeur français en Allemagne. Je comprends la déception française, mais il faut aller de l'avant et ne pas hésiter à remettre sur la table des propositions qui prennent aujourd'hui une autre dimension à la fois dans le contexte de la crise ukrainienne et dans celui de la prise de conscience allemande face aux États-Unis.

Je pense par exemple à cette idée de dialogue stratégique sur le nucléaire français que Jacques Chirac en 1995 et Nicolas Sarkozy en 2008 avaient abordée, et qu'Emmanuel Macron a reprise en 2020. *« Soyons clairs : les intérêts vitaux de la France ont désormais une dimension européenne. Dans cet esprit, je souhaite que se développe un dialogue stratégique avec nos partenaires européens qui y sont prêts sur le rôle de la dissuasion nucléaire française dans notre sécurité collective. Les partenaires européens qui souhaitent s'engager sur cette voie pourront être associés aux exercices des forces françaises de dissuasion. Ce dialogue stratégique et ces échanges participeront naturellement au développement d'une véritable culture stratégique entre Européens »*, a-t-il déclaré sans éveiller d'enthousiasme dans les autres pays européens, en particulier l'Allemagne, qui privilégient le parapluie nucléaire américain, hérité de la guerre froide. Avec la menace brandie à plusieurs reprises par la Russie de recourir au nucléaire en Ukraine, je pense que Paris aurait tout intérêt à relancer sa proposition de dialogue sans que celle-ci semble s'apparenter à une volonté de suprématie, mais plutôt au désir de partager. Elle peut s'inscrire dans le projet de développement de « l'autonomie stratégique européenne » dont le président français a été l'un des principaux défenseurs depuis son entrée en fonction en 2017. Jusque très récemment, comme l'a bien expliqué Riccardo Perissich, directeur d'études à l'École d'économie politique de la LUISS, à Rome, *« quand une proposition est faite par Paris, elle est souvent accueillie avec une certaine méfiance. Il y a plusieurs raisons à cela. D'une part, une certaine grandiloquence, caractéristique du débat français, et qui est mal comprise hors de France. Ensuite, une méfiance qui existe partout en Europe (et encore plus aux États-Unis) : chaque fois que de Paris arrive une suggestion en matière de politique internationale, elle est interprétée dans un sens néogaulliste. »* Ce qui n'est pas tout à fait faux, mais c'est probablement un point facile à corriger, même s'il faut bien reconnaître que les Français aiment les grands mots et les grands discours pour se donner de l'importance.

Le point primordial le plus délicat est d'arriver à mettre d'accord les Français et les Allemands sur le sens donné à « autonomie stratégique européenne ». Du point de vue français, elle consiste en un leadership de la France soutenu par le reste de l'Union européenne ; du point de vue allemand, il s'agit plutôt d'ancrer l'intérêt national dans le contexte européen. C'est là que le bât blesse. En Allemagne, on estime que disposer de l'arme nucléaire ne permet plus à la France de revendiquer seule le leadership, surtout qu'elle peut compter sur le parapluie américain. D'autres pays européens s'accordent sur cette position. Il revient donc aux Français d'adapter leur discours et de démontrer qu'ils sont prêts à partager la direction des affaires. Néanmoins, il est important d'ajouter que cela ne peut être entrepris qu'à condition de lever les ambiguïtés sur les relations avec l'Otan. La guerre en Ukraine a redonné une vigueur inattendue à l'alliance Atlantique et conduit les États-Unis aux commandes de la sécurité européenne. Il n'y a encore pas si longtemps, en novembre 2020, Annegret Kramp-Karrenbauer, alors à la tête du ministère allemand de la Défense, avait écrit dans *Politico* que *« les illusions d'autonomie stratégique européenne devaient prendre fin : les Européens ne seront pas en mesure de remplacer le rôle crucial de l'Amérique en tant que fournisseur de sécurité* ». L'initiative du bouclier antiaérien européen (European Sky Shield Initiative) prise, en octobre 2022, par Berlin et sans Paris, montre qu'il y a encore beaucoup de travail à accomplir dans ce domaine. L'Allemagne a réussi à fédérer une alliance de quatorze pays européens, membres de l'Otan, dont le Royaume-Uni, pour l'acquisition des technologies communes pour la mise en place d'un bouclier antimissile. Il est notamment question d'acquérir le système allemand IRIS-T SL ou l'américain Patriot, de quoi satisfaire les Américains.

Je comprends la vive réaction du président français pour qui la défense aérienne du continent « *ne peut se résumer à la promotion d'une industrie nationale ou tierce aux dépens de la souveraineté européenne* ». Mais il existe aussi une ambiguïté française vis-à-vis de l'Otan qu'il convient d'éclaircir, faute de quoi le concept d'autonomie stratégique perdra une partie de son sens. J'en veux pour exemple les paroles d'Emmanuel Macron lors de la présentation de la Revue nationale stratégique qui fixe les ambitions militaires de la France pour l'horizon 2030. Tout en affirmant sa volonté de faire de la France « *une pourvoyeuse de sécurité* », il a évoqué son « *ancrage fort* » au sein de l'Otan pour en faire une « *nation cadre* ». Je crois que ce manque de clarté n'est pas de nature à faciliter l'émergence de l'autonomie stratégique. En 2017, lors de son fameux discours à La Sorbonne, le Président avait justement rappelé : « *Ce qui donc manque le plus à l'Europe aujourd'hui, cette Europe de la défense, c'est une culture stratégique commune. Notre incapacité à agir ensemble de façon convaincante met en cause notre crédibilité en tant qu'Européens. Nous n'avons pas les mêmes cultures, parlementaires, historiques, politiques, ni les mêmes sensibilités. Et nous ne changerons pas cela en un jour.* » Il est vrai qu'il faut faire preuve de patience, mais il faut aussi savoir forcer le destin.

La plupart des grandes étapes franchies par l'UE, par le passé, l'ont été grâce à la capacité des Français et des Allemands à combler des différences qu'on estimait irréconciliables. C'est ce qui s'est produit, par exemple, après la chute du mur de Berlin en 1989, lorsque l'Allemagne de l'Est et l'Allemagne de l'Ouest se sont réunifiées et que la France s'est soudainement retrouvée confrontée à un partenaire hors normes. François Mitterrand et Helmut Kohl ont alors réussi à convaincre les dix autres États membres de l'UE qu'une remise à plat du projet européen était nécessaire. Cela a conduit, entre autres, à la création de la monnaie commune européenne, l'euro. Il y a dix ans, aux jours les plus sombres de la crise de la zone euro, la chancelière allemande de l'époque, Angela Merkel, a fini, sous la pression française, par ouvrir les vannes financières et calmer les marchés obligataires en panique. Plus récemment, l'Union européenne n'a approuvé l'énorme fonds de relance COVID-19 qu'après le ralliement de Berlin obtenu par la France. La situation actuelle, bien que tragique à bien des égards, doit être abordée de la même manière afin de redonner un élan à la construction européenne. Le dernier grand fait majeur dans l'histoire de l'UE à ce jour est le départ du Royaume-Uni. Il est temps d'offrir aux Européens une image plus positive. Sans doute la création de l'Europe de la défense est-elle un objectif trop ambitieux aujourd'hui. Voilà pourquoi j'ai beaucoup insisté dans cet ouvrage sur l'émergence d'une Europe de l'environnement, capable à la fois de fédérer ses citoyens et d'être un aiguillon à l'échelle mondiale. Il va de soi que les obstacles sont nombreux pour y parvenir, mais ils sont surmontables, surtout si nous profitons de la prise de conscience collective pour entreprendre cette démarche décisive. « *Le défi, pour notre génération, c'est de terminer ce que nous avons entrepris en Europe, à savoir de réaliser, pas à pas, une union politique* », avait déclaré Angela Merkel, en 2011, en pleine crise de l'euro. Même si je partage cette opinion, je sais que le chemin est encore long et qu'il faut se montrer patient.

La construction européenne doit demeurer un chantier inspirant. À l'instar de Stefan Zweig, je crois que « *ce sont les commencements qui inspirent les légendes. Les symboles des origines ont une merveilleuse force poétique et annoncent pour ainsi dire automatiquement chacun des grands moments ultérieurs de l'histoire au cours desquels les peuples se régénèrent et les époques importantes trouvent leurs racines*[1]. » L'Europe appartient à cette catégorie et elle nécessite une attention particulière de tous les instants. Certains y ont une part évidemment plus importante que d'autres du fait de leur rôle historique depuis sa création. Leur responsabilité politique à l'échelle du continent est immense, et je pèse mes mots. Nous avons besoin de manifester clairement notre indépendance, comme l'a bien exprimé Emmanuel Macron le 14 novembre 2018 dans une interview télévisée depuis le porte-avions Charles-de-Gaulle. « *Être allié, ça n'est pas être le vassal et donc, pour ne pas être le vassal, on ne doit pas dépendre des États-Unis. Et donc, y compris par rapport aux Américains, nous devons dépenser davantage* [dans la défense] *et faire davantage nous-mêmes, en tant que Français et en tant qu'Européens* », avait-il dit. D'où la nécessité d'étendre le débat avec l'Allemagne aux questions de politique étrangère afin de créer des réflexes communs, en particulier

1. *La Tour de Babel*, op.cit., Le Livre de poche, 1996.

sur les sujets les plus déterminants pour l'avenir des relations internationales.

Je ne reviendrai pas sur la question chinoise proprement dite pour élargir le sujet à l'Indopacifique, nouveau centre de gravité mondial. Il est intéressant de noter que l'Allemagne a pris dans ce domaine beaucoup plus d'initiatives que la France. Cela indique que Berlin, en quête de nouveaux marchés, a non seulement décidé de prendre le taureau par les cornes, mais qu'elle est aussi en train de changer son image de nain politique au profit de celle d'acteur désireux d'exprimer sa puissance. En 2022, le chancelier Scholz a effectué des visites bilatérales au Japon, en Corée du Sud, au Vietnam, en Indonésie et en Chine, quand le président français n'en a effectué aucune. De l'Asie orientale à l'Asie du Sud-Est, l'Allemagne s'engage. Il faudrait aujourd'hui qu'elle donne à cette stratégie une dimension européenne susceptible d'entraîner la France avec elle. Le fait que les Allemands soient ambitieux dans ce domaine ne doit pas être perçu à Paris comme une provocation. Pour cela, les Allemands doivent accompagner leur démarche de gestes symboliques qui rassureront Paris et l'inciteront à choisir la même direction. Je conviens que ce n'est pas encore à l'ordre du jour du côté de Berlin. En témoigne le déplacement d'Olaf Scholz à

Pékin après qu'il a décliné l'offre française d'une visite commune. Ce qui révèle une autre réalité, plus douloureuse pour la France : sa difficulté croissante à influer sur son voisin allemand. J'ai cité des exemples contraires, mais je crois que les fragilités de la France deviennent un handicap qui l'empêche désormais de créer les conditions d'une émulation saine. On le sent d'autant plus actuellement que l'Allemagne traverse une crise inédite. Malgré la remise en cause partielle de son modèle, Berlin semble se fier plus à sa capacité propre qu'à celle de son association avec la France pour sortir de l'ornière. Il s'agit désormais pour la France de lui prouver qu'elle a tort en créant avec elle un rapport de force renouvelé.

Enfin, ce qui précède devrait nous conduire à revoir la nature même de la relation franco-allemande. Cessons de rêver à un couple dont le projet est essentiellement commun. Nos différences sont, sur certains points, irréductibles, par exemple sur le nucléaire. En revanche, notre entente politique est une nécessité absolue pour les rapports de force de l'Europe avec les autres puissances. Il nous faut donc passer de l'utopie de l'idylle à la réalité du contrat. Un contrat enregistre des objectifs et opérations partagés, par exemple notre accord pour faire de la planétisation de la politique une priorité puis un leadership de l'Europe. La part de nos initiatives communes de défense doit être significative. Mais d'autres projets conjoints sont possibles, tels que l'établissement de relations avec la Chine, la coopération avec l'Afrique, l'action humanitaire mondiale… Mais un contrat suppose aussi d'enregistrer des désaccords respectés par les deux parties, et d'en prendre acte. Pour que les équilibres soient maintenus sur le long terme, les rapports de forces, par ailleurs, sont nécessaires. La France peut ainsi prétendre à un leadership en matière d'énergie nucléaire. Elle peut aussi revendiquer de promouvoir ses littoraux, sa recherche, son industrie ferroviaire ou son agro-industrie… Un contrat qui assume notre forte ambition européenne commune ouverte sur les autres pays de l'Union, mais dans lequel un certain rapport de force est respecté, permettrait sans doute de relancer la dynamique franco-allemande. « L'Amitié n'est pas plus fragile quand elle est encadrée par le rapport des forces » est une vieille vérité poitevine.

Le sursaut au-delà de la refondation

Début novembre 2022, j'ai été frappé par le résultat d'un sondage de l'Institut CSA selon lequel 69 % des personnes interrogées estimaient que *« la France est en déclin »*. C'est un chiffre incroyablement élevé qui traduit à la fois une certaine réalité – en vingt ans, l'industrie a perdu 24 % de ses entreprises de plus de vingt salariés – et une tendance bien française à ce que Raymond Barre appelait « la sinistrose », c'est-à-dire à voir toujours le côté sombre des choses. Comme souvent, la vérité se trouve entre les deux. La désindustrialisation de la France est, cependant, bien réelle. Le poids de l'industrie dans le PIB a été divisé par deux depuis 1970, pour tomber à 17 %, contre 23 % pour la moyenne de l'Union européenne, selon les données de la Banque mondiale. Lors de la crise sanitaire, les Français ont pris conscience des pénuries et de notre incapacité à y répondre rapidement quand d'autres pays ont su s'adapter. Je pense notamment à Taïwan qui, comme la France, a manqué de masques, mais a su répondre à ce problème en mobilisant ses ressources publiques et privées. Trois mois après le début de la pandémie, les Taïwanais, dont la population est de 23 millions d'habitants, étaient devenus exportateurs de masques. Cet exemple, comme d'autres, a contribué à faire prendre conscience d'un phénomène qui ne date pas d'hier et de la nécessité d'y remédier.

Le plan France relance, avec une enveloppe de 100 milliards d'euros, dont un tiers pour la réindustrialisation, est une première réponse à ce sentiment désormais bien enraciné que la France va mal. On a assisté à quelques relocalisations, notamment dans l'industrie agroalimentaire, l'électronique, le textile, mais cela reste insuffisant pour redonner le sourire aux Français. Ces derniers mois, plusieurs annonces – comme celles de cet investissement de 5,7 milliards d'euros à l'initiative de l'Américain GlobalFoundries et du Franco-Italien STMicroelectronics pour la construction d'une « méga-usine » de semi-conducteurs à Crolles, en Isère, de l'implantation d'une unité de production de séparateurs de batteries pour véhicules électriques attendue dans les Hauts-de-France grâce à la société japonaise W-Scope et son partenaire français Alteo, ou de la création d'une usine Thermomix du groupe allemand Vorwerk en Eure-et-Loir – ont permis au gouvernement de rappeler que la France restait attractive pour les investisseurs étrangers. Selon la plus récente étude du cabinet de consultant EY, spécialiste du sujet, les groupes étrangers ont annoncé 1 222 projets de création ou d'extension de sites de production en France en 2021, soit 24 % de plus qu'en 2020. On ne peut que s'en féliciter.

Toutefois, d'autres chiffres soulignent les difficultés françaises que ces investissements ne permettront pas de corriger, à moins d'en attirer beaucoup plus encore et plus rapidement. « *Les indicateurs de la compétitivité de la France à l'exportation, déjà en recul en 2020, se dégradent encore en 2021. La France semble renouer avec deux caractéristiques du recul de sa compétitivité au cours des années 2000. D'une part, les pertes de parts de marché à l'exportation vont de pair avec le recul relatif de l'industrie. D'autre part, le recul des parts de marché concerne quasiment toutes les catégories de produits manufacturés.* » C'est en ces termes que le cabinet Rexecode, auteur d'un rapport annuel sur la compétitivité française, introduisait l'édition 2022, dans laquelle il insistait sur le fait que « *les pertes de parts de marché à l'exportation apparaissent ainsi fortement corrélées avec la désindustrialisation relative de la France par rapport à la moyenne européenne* ». Et la situation ne devrait pas s'améliorer compte tenu de la flambée des prix de l'énergie en Europe, qui nuit à la compétitivité de nos entreprises. D'ailleurs, le nombre de relocalisations a diminué de moitié en 2022 par rapport à l'année précédente.

La France n'est pas la seule à subir le contrecoup de la guerre en Ukraine au niveau énergétique. L'Allemagne est frappée de plein fouet, ce qui provoque parfois, et c'est regrettable, une sorte de jubilation chez certains d'entre nous. Mais je ne crois pas que cela nous aidera à nous redresser, d'autant que la capacité allemande de rebond demeure très forte. Dans le domaine de l'innovation, qui permet de saisir un certain dynamisme et un potentiel de relance, la France est en recul par rapport à son voisin allemand. Le dernier classement du Global Innovation Index, publié au début de l'automne 2022, montre que l'Allemagne se place au 8e rang mondial, gagnant deux places, tandis que la France en a perdu une et se retrouve au 12e rang. Et si l'on compare la part allouée aux dépenses intérieures brutes en R&D de la France à celle de l'Allemagne, on constate qu'avec 2,2 %, notre pays est là encore derrière son voisin, avec ses 3,1 %. J'ai bien conscience que ces chiffres ne sont pas de nature à apaiser le sentiment de déclin qui semble aujourd'hui affecter une majorité de Français. Il m'apparaît cependant essentiel de regarder la situation telle qu'elle est plutôt que de chercher à la travestir en faisant croire, par exemple, à une transformation durable alors que les grands indicateurs disent le contraire. La méthode Coué a du bon, mais dans le domaine économique, il faut plus. J'entends bien les propos de la ministre Agnès Pannier-Runacher, pour qui le plein emploi est le premier objectif de la réindustrialisation de la France et qui déclare : *« Nous sommes sur la bonne trajectoire avec un taux de chômage qui est le plus bas depuis quinze ans et un taux d'emploi qui est le plus élevé depuis cinquante ans ».* C'est juste, mais ça n'empêche pas la France de reculer et de faire même moins bien que l'Italie et l'Espagne, qui sont parvenues depuis deux ans à stabiliser leurs parts de marché sur les exportations européennes de biens. Je ne veux pas non plus donner l'impression d'être un empêcheur de tourner en rond, mais lorsqu'elle affirme que la France doit *« construire des filières qui n'existent pas aujourd'hui »*, notamment dans les secteurs des batteries électriques ou de l'hydrogène, en hébergeant non seulement la recherche et le développement, mais aussi les sites de production pour permettre à la France de figurer *« d'ici 2030 parmi les grandes nations industrielles mondiales »*. Je pense que ce n'est pas encore gagné… Je ne dis pas que nous ne devons pas nous montrer ambitieux, bien au contraire, mais avant de se projeter, il faut faire preuve de réalisme.

La France est-elle en mesure de devenir un leader mondial du véhicule électrique comme en a décidé le gouvernement, estimant, comme l'a expliqué le président de la République, qu'il s'agit d'*« une opportunité pour réindustrialiser notre pays »* ? Plusieurs économistes sont dubitatifs à ce sujet, rappelant que le plus grand marché du monde pour les voitures électriques est la Chine (2,4 millions de voitures électriques immatriculées en Chine contre 63 905 en France au premier semestre 2021). Les Chinois ont quinze ans d'avance sur nous et bénéficient de prix de revient extraordinairement avantageux par rapport à ceux de France. À cela s'ajoute la loi américaine sur la réduction de l'inflation, dont l'un des volets est de créer, de la manière la plus agressive qui soit, les conditions pour attirer les constructeurs du monde entier à s'installer sur le territoire des États-Unis. À moins de prendre des mesures semblables, il est peu probable que les centaines de millions d'euros que l'État veut mettre dans ce projet servent à autre chose qu'à financer l'achat de véhicules *made in China*. En Europe, les marques chinoises occupent déjà 10 % des parts de marché.

Cette façon de procéder révèle un problème de gouvernance bien français qui s'est amplifié ces dernières décennies par la multiplication de projets industriels dont les fondements répondent davantage à une lubie politique qu'à l'expression d'une réflexion profonde et sensée. Déjà, en 1976, au moment où je faisais mes premiers pas en politique, Alain Peyrefitte dénonçait, dans *Le Mal français*[1], le surplus de centralisation dirigiste, l'excès de bureaucratie tatillonne et le manque de confiance des entrepreneurs. J'ajouterai à cette liste non exhaustive, et sans doute dois-je aussi battre ma coulpe à ce propos, que l'une des caractéristiques françaises est de ne jamais procéder à une évaluation des mesures ou des politiques mises

1. Éditions Plon.

en œuvre. Cela nous distingue encore une fois de nos voisins allemands, qui procèdent la plupart du temps de cette manière, ce qui leur permet de corriger, de renforcer ou d'abandonner avant que cela n'entraîne des dépenses inconsidérées. L'adoption des fameuses lois Hartz, en 2002 et 2004, de la période Schröder constitue un exemple très intéressant de ce point de vue. Leur élaboration, par le biais d'une commission composée de représentants de divers milieux, a permis de lancer en deux ans des réformes fondamentales en s'assurant de l'évaluation de chacune des mesures. Comparaison n'est pas raison, mais je crois tout de même que la simple évaluation des décisions permettrait d'éviter au fond de discréditer l'action politique et publique.

« Notre déclin, nous l'avons fabriqué de nos propres mains, par démagogie sans doute, mais surtout par inintelligence des situations, et même, disons le mot, au pays qui s'enorgueillit sans cesse du rôle de ses intellectuels, de la sottise la plus difficile à combattre, celle des gens intelligents », écrit Jacques Julliard dans *Le Figaro*[1]. Il ajoute à ces propos déjà durs que les représentants politiques ne sont pas en mesure d'inverser la tendance. *« Malgré le rôle que leur reconnaît la Constitution de la Ve République, leur concours à l'expression*

1. Jacques Julliard, « France, un déclin délibéré », *Le Figaro* du 4 décembre 2022.

du suffrage, ils sont organisés pour défendre les intérêts de clientèles particulières. Cela n'est pas déshonorant, mais ne répond pas à la question posée. Il s'agit en effet de subordonner tous les intérêts particuliers à l'intérêt général », explique-t-il. Cela dit, la responsabilité de cette situation doit être partagée avec tous les Français qui, d'élections en élections, ont choisi de privilégier le temps libre au détriment du travail (35 heures, retraites, RTT…). Les citoyens se soucient peu du bien commun, de l'état des finances publiques, des dettes qui obèrent l'avenir tant que l'État est là pour compenser. « *L'État, c'est la grande fiction à travers laquelle tout le monde s'efforce de vivre aux dépens de tout le monde* », écrivait Frédéric Bastiat dans *Harmonies économiques*, son ouvrage paru en 1850. En témoignent les prélèvements et dépenses publiques les plus élevés de notre histoire. Cela devrait nous interpeller et nous amener à un profond examen de conscience. Le déclin que nous pointons du doigt, nous en sommes tous responsables. Toutefois, en attendant de trouver les ressources morales pour procéder à cette indispensable remise en question collective, il y a des urgences à traiter, sans quoi on ne peut pas imaginer sortir de la spirale décliniste qui s'est emparée de notre pays et être en mesure de développer les arguments nécessaires au rétablissement d'un rapport de force favorable avec l'Allemagne. Aujourd'hui, pour la France, il faut muscler le projet de Renaissance en engageant un véritable sursaut.

Pas de nation sans cohésion sociale

L'urgence est de ressouder le pays. Les résultats de la dernière élection présidentielle et du scrutin législatif qui a suivi soulignent à quel point la France est fracturée. La façon dont s'exerce le mandat législatif en est une autre illustration. Deux fractures principales touchent notre pays : une est économique et l'autre, culturelle. Elles contribuent à le diviser davantage selon le lieu où les Français vivent et leur catégorie sociale. David Djaïz, l'ancien directeur de la stratégie de l'Agence nationale de la cohésion des territoires, a dressé un portrait intéressant de quatre France dans un entretien accordé, en juillet 2022, à la revue *Études*. Il y a, dit-il, « *une France des "autonomes", de ceux qui sont à la fois autonomes sur le plan économique et sur le plan moral, qui peuvent construire leur trajectoire comme ils l'entendent.* [...] *Un autre groupe social est plutôt contraint à tout point de vue, financièrement à la limite de la ligne de flottaison et absent de la représentation médiatique dominante de la société. Quand on habite à Hayange (Moselle) ou à Flixecourt (Somme), on ne voit pas des gens qui nous ressemblent à la télévision, ni dans les magazines : on est invisibilisé culturellement.* [...] *Ces deux France sont presque le négatif photographique l'une de l'autre. Mais il y a aussi ce que j'ai appelé, faute de mieux, la France de l'entre-deux, parce que c'est une France qui a bénéficié de la massification de l'enseignement supérieur sans forcément en récolter les lauriers économiques. C'est la France des professions créatives (chercheurs, intermittents du spectacle), celle des fonctionnaires territoriaux, des diplômés précaires, etc. C'est aussi la France du secteur public. Une France où il y a souvent un capital culturel supérieur au capital économique.* [...] *Et puis il reste un tout petit moignon de France, qui est à la fois très autonome économiquement mais qui valorise énormément la tradition, c'est la France traditionnelle.* » Derrière ce constat, déjà évoqué par Jérôme Fourquet dans *L'Archipel français* ou par Christophe Guilluy dans *Fractures françaises*, ce qui est particulièrement inquiétant, c'est la rupture du dialogue entre ces divers éléments qui forment la France. Or, la cohésion est indispensable à la vie en société ; en son absence, le seul moyen de s'exprimer est la violence. C'était l'obsession de Jacques Chirac. Un jour, je lui ai demandé quelle était la priorité de la politique. Il m'avait répondu : « *Pour nous, éviter que les Français se battent.* »

Au cours des cinq dernières années, nous avons été témoins de cette flambée violente. « *La violence est un langage*[1] », expliquait, au début des années 1980, le neuropsychiatre Gérard Mendel, mais il est évident qu'elle ne doit pas devenir le courant moyen d'expression, faute de quoi il sera impossible de recoller les morceaux. Il y a une certaine urgence à réparer ces failles dans la mesure où cela déterminera aussi notre capacité à favoriser le dialogue avec les autres, au-delà de nos frontières. Dans cette perspective, « *il faut un projet de société pour réconcilier ces France, sinon elles vont continuer à diverger. Il faut donc un projet qui soit tout entier tourné vers la réconciliation, vers la résorption des fractures mais, pour cela, il faut qu'il y ait du contenu éthique et politique, et un contenu fort* », confirme David Djaïz avant de conclure : « *Je suis convaincu que faire de la France une grande nation écologique est un projet qui remplit ce cahier des charges.* » Dans l'absolu, je suis sur la même longueur d'onde que lui, puisque c'est en grande partie l'objet de cet ouvrage. Mais je pense que la France n'est pas en mesure d'y parvenir seule et qu'il faut lui donner une dimension continentale.

Par ailleurs, je crois qu'il est essentiel, avant tout le reste, de s'assurer de l'existence d'un socle national solide grâce à l'école. Pour

---

1. « La violence est un langage », *Raison présente*, n° 54, 1980.

que les messages soient bien compris et bien transmis, on ne peut plus compter aujourd'hui sur les médias, qui s'adressent à des publics spécifiques, ce qui accentue parfois les fractures. L'école doit redevenir un enjeu central pour l'État. Et je ne parle pas d'argent. Les sommes sont déjà considérables et ce n'est pas le fond du problème. Il faut évidemment évoquer le volet financier, non pas en termes de nouvelles allocations, mais en termes de meilleure gestion et répartition du budget. Reste que le point crucial est de s'assurer, au-delà de l'enseignement des matières fondamentales, que l'école puisse retrouver une de ses vocations premières qui était de former de « bons citoyens ». Dans les années 1920, le programme d'enseignement public mettait l'accent sur *« la conscience et le caractère »* qui passaient par *« l'éducation de soi-même et aux divers aspects de la justice et de la solidarité »*. Autrement dit, l'école était un lieu où s'exerçaient un dialogue et une écoute, qui semblent en avoir disparu aujourd'hui, si l'on se réfère aux nombreux cas de violence qui s'y produisent. L'école n'est que le reflet de la dégradation de l'ambiance générale dans le pays. Inquiet de l'augmentation des faits violents dans l'enceinte scolaire, le gouvernement multiplie les campagnes de sensibilisation.

C'est bien, mais cela ne répond pas au fait que l'école s'est transformée en un espace où tout flotte et dépend en définitive de l'engagement individuel. Au regard de la difficulté de recruter des enseignants, il faut se rendre à l'évidence que la reconstruction de l'unité du pays est loin d'être achevée. Si l'on ajoute l'influence du *wokisme* et d'autres tendances de nature à accentuer les divisions, on tendra au pessimisme plutôt qu'à l'optimisme. Dans un pays où l'on aime désigner des grandes causes nationales, je propose que l'école soit la prochaine et celle sur laquelle tous les efforts doivent être consacrés. J'ai évoqué plus haut l'absence de toute évaluation dans les politiques publiques. Si l'on voulait commencer par un secteur, celui de l'éducation devrait être prioritaire. Il existe des classements internationaux, dont j'ai déjà parlé, qui révèlent à quel point l'école française se porte mal du point de vue de l'enseignement, mais je crois qu'une partie de ces problèmes seront réglés quand on lui aura redonné un sens, celui de favoriser l'émergence de citoyens conscients de ce qu'ils sont et de leur environnement (dans sa signification la plus large). C'est le retour de la responsabilisation, un gros mot aujourd'hui dans un univers scolaire où, il n'y a pas si longtemps, une ministre de l'Éducation nationale a imaginé supprimer la notation, jugée « *traumatisante* ».

Après tout, cela cadre avec une société dominée par la culture de la victimisation. Pour ma part, je ne suis pas sûr que cela aide nos enfants à affronter un monde où, paradoxalement, la violence gagne du terrain. En revanche, leur apprendre à s'engager, sans craindre d'échouer car l'échec est aussi formateur, les préparerait mieux à s'adapter à un univers en pleine mutation. Dès lors, nos dirigeants ont la responsabilité de prendre le taureau par les cornes et de s'attaquer à ce dossier avec une attention toute particulière.

En dehors de cet aspect crucial, l'autre domaine scolaire sur lequel il faut redoubler d'efforts porte sur les filières d'excellence qu'il faudra faire bénéficier de moyens sans lesquels les ambitions de devenir leader dans des secteurs de pointe seront vaines. Or, la France souffre de deux grands maux à ce niveau : la faiblesse des financements alloués aux chercheurs et la faiblesse de leur rémunération. Cela explique pourquoi beaucoup quittent le pays. Cette situation nous montre le lien entre la crise de l'école et celle du secteur de santé. Il est triste et souvent révoltant de voir de bons élèves de nos lycées contraints d'aller faire leurs études de médecine à l'étranger. Doit-on rappeler qu'au moment de la pandémie, la France n'a pas été en mesure de développer un vaccin, alors que la biotech américaine Moderna dirigée par le Français Stéphane Bancel l'a fait ?

« La France souffre de ne pas avoir su créer un écosystème – universités, incubateurs, investisseurs institutionnels, capital-risqueurs, mécènes et agences publiques – qui lui permettrait d'être initiatrice et non suiviste dans les révolutions technologiques à venir », estiment les économistes Philippe Aghion et Céline Antonin[1]. Malgré ce chantier considérable et les difficultés à surmonter pour changer le cours des choses, je reste persuadé que la France dispose de ressources morales importantes qu'il faut savoir mobiliser.

C'est là qu'intervient celui qui doit donner la direction, autrement dit le leader. *« Dominer les événements, y imprimer une marque, en assumer les conséquences, c'est bien là ce qu'avant tout on attend du chef*[2] *»*, estimait avec justesse le général de Gaulle. Force est de constater que c'est actuellement une de nos carences. Et comme la démocratie représentative est aussi incapable d'organiser un leadership alternatif que de construire à la tête de l'État un « leadership partagé », il faut réfléchir à une réforme constitutionnelle ou à un changement de calendrier électoral susceptible de remettre un peu d'ordre politique, afin que chacun prenne ses responsabilités et que le Parlement développe un autre pouvoir que celui de l'obstruction, pour

1. *Le Monde*, 11 novembre 2022.
2. *Le Fil de l'épée*, Plon, 1932.

permettre au pays de bien choisir son l'avenir. Les fondateurs de la Ve République avaient compris qu'il fallait découpler les élections présidentielles et législatives. La réforme du quinquennat les a regroupées. Pour donner une vraie légitimité spécifique au Parlement, il faudrait réduire le mandat de député à quatre ans.

Un retour à la cohésion nationale n'est pas un préalable au rétablissement de notre rapport avec l'Allemagne, mais il doit accompagner la mise en œuvre d'une stratégie réfléchie autour de la transition écologique, élargie à une cause plus vaste, la planétisation de la politique, qui participera également à ressouder ces Français qui ont aujourd'hui du mal à se parler. Nous avons vingt à trente ans pour mener à bien ce projet et faire évoluer notre société, notre économie, nos infrastructures, nos modes de vies, d'action et de pensée. C'est court. Cela suppose de déterminer un petit nombre d'axes prioritaires sur lesquels nous devons concentrer l'essentiel des efforts afin de nous donner les arguments pour entraîner l'Allemagne, puis le reste de l'Europe, dans la vaste ambition d'empêcher notre planète de devenir invivable. Encore une fois, nous devons profiter du sentiment d'urgence qui habite une bonne partie de l'opinion publique pour nous jeter corps et âme dans cette aventure. Je parle d'aventure parce que ce doit être également l'occasion de repenser la gouvernance en introduisant à tous les niveaux des instruments démocratiques grâce auxquels les citoyens pourront participer et orienter concrètement certaines décisions.

C'est une occasion de repenser la décentralisation. On a bien vu ces dernières années se creuser un fossé entre Paris et la province, favorisant ce sentiment de dépossession et d'isolement qui a notamment alimenté le mouvement des gilets jaunes. David Lisnard, maire de Cannes et président de l'Association des maires de France (AMF), l'a rappelé dans un entretien au *Figaro*. « *Il existe un décalage entre les prises de position très souvent théâtrales de l'exécutif et la réalité de l'exécution des politiques publiques*[1] », note-t-il. En tant qu'ancien élu d'une région en partie rurale, à une époque où il était possible de faire un contrat de plan financé à la fois par Bruxelles et Paris, je ne peux que regretter cette évolution qui réduit en définitive les marges de manœuvre au niveau local. « *Plus l'État s'est mêlé de ce qui ne le regardait pas, moins il a été performant et plus il a prélevé d'argent… Nous venons de franchir les 45 % de prélèvements obligatoires. Nos collectivités (villes, départements, régions) représentent 19 % du total de la dépense publique contre 30 % à 40 % en Europe.*

1. *Le Figaro*, 21 novembre 2022.

Elles ont moins de pouvoir qu'ailleurs alors qu'elles représentent 75 % des investissements », confirme le président de l'AMF. Pas besoin d'aller chercher plus loin pour comprendre les raisons de la colère dans cette France qui a l'impression d'être toujours la dernière roue du carrosse. En 2009, la Cour des comptes a mis en cause l'État qui demeurait juridiquement compétent dans tous les domaines et démontrait ainsi sa « *réelle difficulté* [...] *à tirer les conséquences de la décentralisation* ». En octobre 2022, Emmanuel Macron a déclaré qu'il souhaitait « *ouvrir un nouveau chapitre de la décentralisation* », expliquant que « *la décentralisation, ce n'est pas transférer des bouts de compétences sans donner la dynamique de financement, le pouvoir normatif et les responsabilités qui vont avec* ». Il doit désormais passer à l'acte. Le gouvernement aurait tort de négliger ce dossier, car l'ouverture du pays sur ses territoires permet de responsabiliser à la fois les élus locaux et les citoyens. Rien de tel pour recréer le lien démocratique et l'engagement. Cela ne veut pas pour autant dire que l'État doit rester à l'écart. Il a deux missions essentielles : l'orientation générale et la programmation afin d'assurer une cohérence à l'ensemble. Notre réflexion ici nous conduit à proposer à la France de travailler à faire de l'Europe le continent de l'équilibre de la paix en choisissant une stratégie franco-allemande : assumer le leadership de la planétisation de la politique. Sur le plan intérieur, cela nous oblige à déterminer des priorités dont trois s'imposent : la cohésion sociale avec une refondation de l'école, un impératif industriel avec le choix nucléaire et une dynamique territoriale avec la priorité ferroviaire.

Retour au leadership nucléaire français !

La transition écologique a été actée par l'État depuis plusieurs années. Les gouvernements qui se sont succédé ont, chacun à son tour, contribué à apporter leur touche, mais les résultats sont encore insuffisants, et ce pour une raison très simple : la France n'a pas réussi à établir une politique cohérente sur le plan énergétique. Or, c'est le nerf de la guerre et l'un des rares domaines où nous pourrions créer un rapport de force favorable avec l'Allemagne. Faut-il rappeler que l'Europe est très dépendante en matière énergétique ? La guerre en Ukraine l'a mis durement en lumière, en particulier au niveau du gaz. Jusque-là, la principale source d'approvisionnement était la Russie. Les Allemands en savent quelque chose. L'obligation de procéder à une diversification des fournisseurs dans la précipitation s'est faite dans la douleur et au prix fort, avec des conséquences économiques non négligeables, car les Européens n'ont pas été capables d'anticiper les risques énergétiques. D'après Rystad Energy, les approvisionnements en gaz chinois sont couverts à 100 % à l'horizon 2025 et à 85 % à l'horizon 2030. L'Europe devra quant à elle trouver 13 % de son gaz sur d'autres marchés à l'horizon 2025 et 25 % d'ici 2030, si la Russie respecte ses engagements. En cas de rupture des contrats russes, c'est 39 % de son gaz en 2025 et 42 % en 2030 qu'il lui faudra acquérir ailleurs. Les possibilités existent, mais elles sont plus coûteuses et risquent de créer d'autres dépendances qui pourraient s'avérer problématiques. La question de l'indépendance énergétique se pose avec une plus grande acuité aujourd'hui, dans un contexte international tendu. On voit bien que les grandes puissances – je pense à la Chine en particulier, dans la mesure où les États-Unis peuvent compter sur leur gaz de schiste – s'organisent pour sécuriser au maximum leur accès à l'énergie. L'engagement de Pékin au Moyen-Orient, avec par exemple la visite, en décembre 2022, de Xi Jinping en Arabie saoudite l'a montré.

Pour éviter d'entretenir une dépendance trop forte, mais surtout pour répondre à la nécessité de réduire l'utilisation des énergies fossiles, le développement des énergies renouvelables doit s'accélérer en Europe. Elles sont appelées à quasiment doubler d'ici à cinq ans dans le monde, estime l'Agence internationale de l'énergie. Le solaire et l'éolien deviendront les premières sources d'électricité dans le monde d'ici 2025. À elle seule, la Chine représentera, entre 2022 et 2027, la moitié de ces capacités de production. Les Européens ont donc du pain sur la planche. La France a pris du retard dans ce domaine. Dans le cadre de ses engagements, les énergies renouvelables auraient dû représenter 23 % de son mix énergétique en 2020. Avec 19,1 %, elle est le seul pays de l'Union européenne à avoir manqué ses objectifs et devra s'acquitter d'une amende de 500 millions d'euros. La question qui se pose est de savoir si la France est capable de produire 100 % d'énergies renouvelables d'ici 2050. Une étude de 2021 menée conjointement par le gestionnaire du Réseau de transport d'électricité et l'Agence internationale de l'énergie, à la demande du ministère de la Transition écologique, a conclu qu'il existait *« un consensus scientifique sur l'existence de solutions technologiques permettant de maintenir la stabilité du système électrique sans production conventionnelle »*. C'est une bonne nouvelle, mais cela ne garantit pas notre indépendance énergétique dans la mesure où nous risquons de basculer dans une autre dépendance, cette fois à l'égard de la Chine.

Si aucun pays n'a le monopole du soleil et du vent, l'Union européenne dépend des Chinois pour la technologie permettant de capter leur énergie. Selon un rapport de l'Agence internationale de l'énergie publié à l'été 2022, la Chine contrôle 80 % des processus industriels du photovoltaïque dans le monde. Près de 75 % des modules photovoltaïques y sont fabriqués. Le pays représente près de 80 % des extractions de silicium, le principal composant d'un panneau. L'Europe satisfait seulement 3 % de sa demande en panneaux solaires photovoltaïques. « *Le monde dépendra presque entièrement de la Chine pour la production de panneaux solaires jusqu'en 2025. Sur la base des capacités de fabrication en cours de construction, la part de la Chine dans la production mondiale de polysilicium, de lingots et de plaquettes atteindra bientôt près de 95 %. Aujourd'hui, la province chinoise du Xinjiang représente 40 % de la production mondiale de polysilicium* », révèle ce document qui montre au passage la complexité du problème, puisque c'est la région où se joue le sort des Ouïghours. « *En outre, un panneau sur sept produits dans le monde est fabriqué par une seule usine. Un tel niveau de concentration dans toute chaîne d'approvisionnement représente une vulnérabilité considérable ; le photovoltaïque solaire ne fait pas exception* », conclut fort justement ce rapport.

Cette situation ne serait pas arrivée si, en 2012, l'Europe était parvenue à faire front commun face à Pékin qui, à l'époque, subventionnait massivement ce secteur au détriment des producteurs européens incapables de s'aligner sur les prix chinois. Malgré le lancement par Bruxelles d'une enquête antidumping sur les cellules photovoltaïques fabriquées en Chine, le manque de solidarité entre Européens va permettre à cette dernière de gagner le bras de fer et d'anéantir la production européenne. Entre 2007 et 2017, la part mondiale de l'Europe dans ce secteur est passée de 30 % à 3 %. Dès lors, compte tenu de cette réalité que nous ne parviendrons pas à changer, sauf à prendre des mesures du même type ou à se tourner vers les États-Unis, si leur plan de développement lié à la loi sur la réduction de l'inflation (IRA) est mené à son terme, nous aurons du mal à remonter la pente. *« Dix années de crédits d'impôt à l'investissement contrastent fortement avec les prolongations d'un, deux ou cinq ans, que le secteur a connues au cours de la dernière décennie. Il n'est pas exagéré de dire que l'IRA ouvrira une nouvelle ère pour l'industrie solaire américaine »*, affirme un rapport publié en septembre 2022 par l'Association américaine des industries solaires et Wood Mackenzie. Je veux bien le croire, connaissant la détermination des Américains à imposer leurs intérêts avant tout.

La Commission européenne a aussi réagi en lançant officiellement, début décembre 2022, l'Alliance européenne de l'industrie solaire photovoltaïque dans le but de retrouver la capacité de production perdue au profit de la Chine. « *Avec cette alliance, nous voulons créer des chaînes de valeur complètes pour le solaire photovoltaïque* » en Europe afin de « *réduire nos dépendances* », assure Thierry Breton, commissaire au Marché intérieur. Même s'il a annoncé de nouveaux « *critères environnementaux et sociaux* » pour la fabrication de panneaux solaires à la mi-2023, qui « *contribueront à la mise en place des conditions de concurrence équitables et durables* », je me demande si cela suffira à nous sortir de la dépendance chinoise.

Dans l'éolien, la situation est moins catastrophique, mais les perspectives ne sont guère réjouissantes au moment où la Commission souhaite faire passer la capacité éolienne installée dans l'UE de 190 GW à 480 GW d'ici à 2030. Un objectif que les producteurs d'éoliennes européens en difficulté financière ne seront peut-être pas capables de tenir, laissant le terrain libre à la concurrence étrangère, sans doute chinoise, même si aujourd'hui les exportations de la Chine dans ce secteur ne représentent que 2 à 3 % de la capacité mondiale totale. Il ne faut pas oublier que le principal marché mondial dans l'éolien est justement la Chine. En 2020, 20 401 nouvelles éoliennes y ont été installées, avec une capacité de 54,43 millions de kW, soit une augmentation de 105,1 % par rapport à l'année précédente. Le numéro un mondial du secteur, le Danois Vestas, ne représente que 2,1 % de la capacité installée sur le marché chinois, ce qui signifie que l'essentiel des installations y sont *made in China*. Pas étonnant que l'entreprise nordique ait enregistré une perte de 765 millions d'euros au premier trimestre 2022, et annoncé son intention de fermer trois usines. Les entreprises chinoises sont plus avancées en matière de capital, d'accumulation de technologies et d'intégration de la chaîne industrielle, avec des avantages évidents dans la concurrence du marché, de sorte qu'elles construisent leur puissance qui finira par s'imposer à l'extérieur grâce à des coûts inférieurs. Fin 2021, le Chinois MingYang Smart Energy (MySE) a fait une entrée remarquée sur le marché européen en obtenant un contrat pour un projet éolien flottant dans le Nord du continent. Cela fait suite à sa participation au développement du parc de Tarente, en Italie, obtenue après la faillite de l'Allemand Senvion. Bref, le danger de remplacer une dépendance énergétique par d'autres semble particulièrement élevé, d'autant que nous sommes aussi très dépendants de la

Chine pour les terres rares, matières premières critiques indispensables dans la fabrication de la plupart des matériels liés aux énergies renouvelables et la transition énergétique.

Selon une étude de l'agence américaine US Geological Survey de 2018, la Chine assurait 71 % de la production mondiale. La France dispose de quelques réserves de lithium et il y a des projets d'extraction de ce métal en Europe, mais, comme le rappelait en 2020 Maroš Šefčovič, vice-président de la Commission européenne des Relations interinstitutionnelles et de la prospective, *« rien que pour les batteries des voitures électriques et le stockage énergétique, l'Europe aura besoin, par exemple, de 18 fois plus de lithium d'ici à 2030 et jusqu'à 60 fois plus d'ici à 2050. »* Autant dire qu'il sera quasi impossible d'être indépendant dans ce domaine, puisque les zones de production sont concentrées dans quelques régions du monde et qu'on ne peut pas changer cette réalité. L'annonce de la découverte, au nord de la Suède, d'un gisement qui recèlerait plus d'un million de tonnes de métaux rares a été accueillie le 13 janvier 2023 avec un certain soulagement. Mais il faudra de très nombreuses années avant de pouvoir l'exploiter…

Compte tenu de cette situation, et pour répondre au besoin de sécurité énergétique sans laquelle nous serons à la merci des bouleversements géopolitiques, tout en respectant nos objectifs de décarbonation, nous n'avons pas beaucoup d'alternatives.

Il se trouve que la France dispose, certains esprits chagrins diront « disposait », d'un avantage compétitif grâce auquel nous pourrons atteindre nos propres objectifs et surtout nous mettre dans une position favorable par rapport à notre voisin allemand. Il s'agit bien sûr de l'énergie nucléaire. Cette dernière a fait et continue de faire l'objet de débats en France et dans le monde. Les accidents de Tchernobyl en 1986 et de Fukushima Daiichi en 2011 ont contribué à répandre un sentiment de crainte dans les populations, mais la France n'a jusqu'à présent connu aucun incident majeur, en raison des normes strictes de sûreté qu'elle s'impose et du fait que ses centrales ne sont pas situées dans des zones dangereuses. Par ailleurs, après de longues tractations, la production d'électricité d'origine nucléaire est désormais considérée comme « verte », ce qui redonne à cette filière sa raison d'être au moment où nous voulons assurer notre sécurité et indépendance énergétique. *« Il n'existe aucune preuve scientifique que l'énergie nucléaire nuit davantage à la santé humaine ou à l'environnement que d'autres technologies de production d'électricité déjà incluses dans la taxonomie de l'UE en tant qu'activités soutenant l'atténuation du changement climatique»*, pouvait-on lire en 2021 dans un rapport du Centre commun de recherche, le laboratoire de recherche scientifique et technique de l'Union européenne, qui poursuivait ainsi : *« Les impacts de l'énergie nucléaire sont pour la plupart comparables à ceux de l'hydroélectricité et des énergies renouvelables, en ce qui concerne les effets non radiologiques. »*

Voilà pourquoi, dans la perspective de prendre le leadership et de laisser l'Allemagne et nos autres partenaires européens libres de leur choix, il est urgent que l'État français présente un grand plan nucléaire. Je ne parle pas d'une déclaration d'intention, mais bien d'un engagement à long terme, sur trente ans, qui permettra non seulement de rattraper le temps perdu, mais surtout de reconquérir un savoir-faire reconnu à travers la planète. Ce plan nucléaire est déterminant pour éviter que la France s'enfonce davantage dans ce « déclin » dont une large majorité de Français s'accorde à dire qu'il est bien engagé. Si nous ne parvenons pas à conserver la maîtrise totale d'un secteur aussi important, nous aurons sans aucun doute du mal à nous faire entendre. Autrement dit, l'État devra, au cours des trois prochaines décennies, mobiliser 15 à 20 % de ses investissements annuels dans le nucléaire pour en assurer le développement. Il faut sortir du flou autour de cette question, car les Français attendent des autorités qu'elles fixent une direction lisible dans le domaine énergétique. Selon un sondage publié par *Les Échos* fin novembre 2022[1], 70 % des Français jugent négativement la stratégie du gouvernement en matière d'énergie, estimant qu'elle n'est pas claire.

Il est vrai qu'il n'est pas facile de s'y retrouver, surtout après la décision de la Première ministre, Élisabeth Borne, en charge aussi pourtant de la planification écologique, de verser une indemnité carburant de 100 euros pour les plus modestes, mesure qui devrait coûter un milliard d'euros à l'État. Je pense que ce geste à l'objectif « court-termiste » d'éviter une grogne sociale aurait été mieux compris si un plan à long terme autour du nucléaire avait été préalablement présenté. Un plan permettant d'envisager de répondre à d'autres ambitions pour démocratiser, par exemple, l'utilisation du véhicule électrique. Si je plaide en faveur du nucléaire, c'est qu'il existe un consensus assez large en France sur l'intérêt de cette énergie, tant chez les spécialistes qu'au sein de la population. Les divers scénarios de projections du mix énergétique français en 2050 élaborés par RTE, l'Ademe ou encore Négawatt montrent de toute façon que le nucléaire ne

1. « Les Français trouvent peu lisible la politique énergétique du gouvernement », *Les Échos*, 22 novembre 2022.

peut pas être abandonné avant au moins 2045. D'après un sondage Ifop diffusé le 19 septembre 2022 par *Le Journal du Dimanche,* 75 % des Français se montrent favorables au nucléaire. Je crois qu'il faut profiter de cette situation favorable pour établir une grande stratégie autour de cette énergie, en mixant les efforts de maintien des centrales existantes, pour éviter de refaire l'erreur de Fessenheim, et la construction de nouveaux réacteurs. Il est urgent d'agir, car une centrale ne se construit pas en un jour. Les coûts sont considérables, j'en ai bien conscience, et il est vrai que les nouvelles générations de réacteurs sont encore plus onéreuses que les précédentes. Mais ce qui est en jeu risque d'être encore plus coûteux si l'on tombe de nouveau dans la dépendance des autres pour nos énergies renouvelables. De plus, redonner un élan au nucléaire permettra la recréation d'un écosystème et la redynamisation de la recherche. Il y a derrière ce grand plan la possibilité d'établir un cercle vertueux d'autant que, d'un point de vue scientifique, on peut espérer des avancées susceptibles de réduire considérablement les aspects négatifs du nucléaire (déchets et accidents).

Nous devons aussi poursuivre le projet international ITER pour la recherche sur l'énergie post-nucléaire lancé en France quand j'étais Premier ministre. Le laboratoire américain

Lawrence Livermore, qui dépend du ministère de l'Énergie, a annoncé une percée historique dans la fusion nucléaire grâce à l'usage de lasers ultra puissants. En France, nous disposons d'excellents ingénieurs dans ce secteur. Je suis persuadé que la mise en œuvre d'un nouveau plan nucléaire porté par l'État est de nature à générer une émulation collective susceptible de tirer l'ensemble du pays vers le haut. Cela suppose d'avoir des horizons pour la France et de comprendre l'importance de les promouvoir à une époque où la plupart de nos concitoyens sont submergés par le doute. C'est là qu'il faut faire preuve de caractère, et c'est ce que les Français attendent de leurs dirigeants. *« L'homme de caractère a la passion de vouloir »*, disait le général de Gaulle. Je crois que celle-ci doit désormais s'exprimer au plus vite, car *« face aux événements, c'est à soi-même que recourt l'homme de caractère »*, ajoutait-il. La situation actuelle offre une belle opportunité à une telle personnalité si elle choisit de sortir des jeux politiciens pour revendiquer qu'elle y est bien le pilote dans l'avion. Pour autant, le grand plan nucléaire n'a pas pour corollaire d'en finir avec les énergies renouvelables, mais il permet de répondre à une préoccupation légitime des Français sur l'impact de certaines d'entre elles. Un sondage réalisé en février 2022 pour l'association Sites et Monuments rappelait en effet que pour 73 % des personnes interrogées, les éoliennes ont un effet négatif sur « *le calme et le silence des campagnes* », mais aussi sur la « *beauté des paysages* » (72 %) et la « *biodiversité* » (72 %). Une autre étude d'opinion publiée en avril révélait que 59 % des populations vivant dans les zones rurales souhaitent arrêter ou limiter le développement des éoliennes.

J'estime que la lutte contre le réchauffement climatique est le rare sujet sur lequel nous pouvons rebâtir une cohésion nationale. Nous devons donc éviter par tous les moyens d'entretenir des sujets de division autour de cette question et au contraire favoriser l'émergence d'une nouvelle voie démocratique en associant, notamment au niveau local, les parties concernées afin d'en faire des interlocuteurs qui comptent dans le processus. C'est l'occasion ou jamais de rompre avec cette idée bien ancrée des villes contre les campagnes et des métropoles contre la province. Elle nourrit un très fort ressentiment et provoque des tensions dont on a pu goûter les amers résultats.

La cohésion par le rail

Il est impératif d'en finir. C'est ce qui motive le deuxième volet de ce projet destiné à redonner à la France des arguments pour peser face à l'Allemagne, étape indispensable pour ramener l'Europe sur le devant de la scène internationale et lui permettre de prendre le leadership sur la question environnementale. « *Gouverner, c'est choisir, si difficiles que soient les choix* », disait Pierre Mendès France. Pour avoir été à la tête du gouvernement, je peux en témoigner. Mais lorsque nous sommes au pied du mur, comme c'est aujourd'hui le cas, certains choix s'imposent d'eux-mêmes pour peu qu'on prenne un minimum de hauteur et qu'on veuille donner à la France de nouvelles perspectives. Ces dernières décennies, je pense que c'est le thème de la cohésion sociale, tel que l'avait établi Jacques Chirac, qui a dicté la plupart des politiques mises en œuvre à droite ou à gauche. Nous devons compléter cette logique sociale et politique par une dynamique territoriale et de subsidiarité. Nous devons ajouter un autre raisonnement qui est celui de la cohésion territoriale, sans laquelle d'ailleurs il est illusoire de chercher à bâtir une cohésion sociale.

La cohésion territoriale passe par le rail. Mon ami Dominique Bussereau, grand spécialiste du ferroviaire, fils de cheminots et brillant ministre des Transports, m'a convaincu : le train peut être en France un grand projet économique, social, industriel, territorial… Finalement, un grand projet national ! C'est pourquoi le chemin de fer est le second axe de cette stratégie fondée autour de la transition écologique. Comme le nucléaire, il a été l'un des fleurons de notre industrie, avant d'être négligé, certes au profit du train à grande vitesse, mais le rapprochement des métropoles qui a suivi le développement de ces lignes ultrarapides s'est fait au détriment du reste du réseau, créant même des déséquilibres puisque certaines régions sont encore privées du TGV, comme l'a très bien raconté le sociologue Jean-François Sabouret dans son livre *L'Occident Express*[1]. Ce spécialiste du Japon, qui regarde avec regret le développement d'un désert français que d'aucuns désignent par l'expression de « France périphérique », propose de redonner un souffle à nos régions par le développement du chemin de fer. Il relève avec pertinence que l'axe central de notre pays a délibérément été privé des lignes à grande vitesse (LGV), laissant un vaste vide qui a contribué à creuser un sentiment d'abandon au sein des populations locales, notamment en Auvergne. Au Japon, où l'on a lancé le train à grande vitesse sous le nom de *shinkansen* dès 1964, on a évité cet écueil grâce à la clairvoyance des responsables politiques, comme l'ancien Premier ministre Kakuei Tanaka. « *La construction du* shinkansen *dans la région de Niigata apparaît aujourd'hui comme une évidence et une marque d'attachement très forte au Japon de*

1. Éditions Atlande, novembre 2021.

l'envers (Ura Nihon). Pas étonnant que cet homme soit encore très apprécié alors qu'il est décédé en 1993 », écrit Jean-François Sabouret, rappelant que cette région rurale, au demeurant celle de Tanaka, a pu bénéficier des retombées positives de la construction de la ligne à grande vitesse.

Il faut ajouter qu'au Japon, contrairement à la France, l'intégrité du réseau classique a été préservée pendant des années, jusqu'à la privatisation des chemins de fer en 1987. À partir de cette date, compte tenu de la répartition régionale des nouvelles compagnies et des déséquilibres économiques induits, bien que partiellement compensés par l'État, la situation s'est progressivement dégradée. Au regard de ce que nous connaissons en France, on pourrait avoir l'impression que tout va bien, pourtant, on le voit aujourd'hui, la cohésion nationale commence à se fracturer dans ce pays. Les dysfonctionnements ferroviaires accompagnés par la multiplication des fermetures de lignes montrent que le ver est dans le fruit. J'ai souvent pensé que le rail constituait un excellent miroir de nos sociétés pour en évaluer l'état à tous les niveaux. En France, il ne fait aucun doute que l'état du chemin de fer est mauvais et qu'il traduit bien le sentiment de déclin qui habite nos concitoyens. Les propos du folkloriste japonais Kunio Yanagita me viennent en tête. Il comparait la circulation sanguine et le rail pour justement dénoncer l'évolution négative en cours dans l'Archipel. *« La disparition des lignes locales équivaut à celle des capillaires. C'est pourquoi nous devenons un pays qui ne possède que des gros vaisseaux sanguins* [les lignes à grande vitesse]. *Il y a désormais beaucoup d'endroits qui ne sont plus irrigués et qui commencent à dépérir »,* disait-il. Je trouve cette image tout à fait pertinente ; car depuis son apparition dans notre quotidien au milieu du XIXe siècle, le train s'est imposé dans le pays comme une sorte de baromètre de puissance et de cohésion nationale.

Le chemin de fer a largement contribué à la construction des États-Unis, tandis qu'en Europe il a permis de consolider les nations et d'établir un classement parmi les puissances en fonction de la qualité et de l'importance de leur réseau ferré. À ce titre, le déclassement de la Grande-Bretagne s'est révélé à travers la dégradation de ses chemins de fer. Le film de Ken Loach, *The Navigators* (2001), l'a bien résumé. Il est d'ailleurs intéressant de relever que le rail a été l'un des secteurs sur lequel le gouvernement britannique a décidé de mettre l'accent après le Brexit. Dans le domaine ferroviaire, un autre pays devrait attirer notre attention dans la mesure où il illustre parfaitement le rôle déterminant du rail dans le développement et l'expression de sa puissance : la Chine.

L'élaboration de l'unité de ce vaste pays doit beaucoup au chemin de fer, y compris dans des régions difficiles d'accès comme le Tibet. Je n'entends pas porter de jugement de valeur sur ce que les autorités chinoises ont cherché à faire en amenant le train jusqu'à Lhassa ou Kashgar, au Xinjiang, je constate simplement qu'elles ont considéré à juste titre que sans le rail, il était difficile d'envisager la cohésion d'un si vaste ensemble géographique. Lorsqu'on visite le musée des chemins de fer de Pékin, dans l'ancienne gare de Zhengyangmen Est, à deux pas de la place Tiananmen, une grande carte lumineuse au premier étage permet de comprendre cet enjeu. Elle est aussi instructive sur la manière dont la Chine a envisagé le développement des lignes à grande vitesse. Alors qu'en 2007, elle n'en comptait aucune, son réseau est désormais le plus important du monde avec près de 40 000 kilomètres de LGV aujourd'hui, et 50 000 kilomètres à l'horizon 2025. Comme les autres pays qui ont misé sur la grande vitesse ferroviaire, elle a d'abord privilégié les liaisons entre les grands centres urbains avant de l'élargir à des villes de moyenne importance, puis de l'étendre, actuellement, à des régions moins développées. Il y a plusieurs objectifs derrière cette stratégie. Le premier consiste à rééquilibrer le développement du pays, essentiellement concentré dans la partie orientale. Le second est un corollaire du premier, puisqu'il s'agit de fixer les populations dans les provinces occidentales afin de mettre un coup d'arrêt au gigantisme des métropoles devenues invivables. En s'assurant aujourd'hui que 95 % des villes de 500 000 habitants sont connectées au réseau à grande vitesse, les autorités chinoises facilitent la mobilité tout en incitant la population à ne pas chercher à s'installer à Pékin ou Shanghai. Le troisième, et non des moindres, porte sur un changement d'affectation des lignes classiques. Si elles servent encore au transport des voyageurs, mais dans un volume nettement moins important que par le passé, elles sont de plus en plus réservées au fret. Cela s'inscrit parfaitement dans la stratégie des Nouvelles routes de la soie qui prévoient l'émergence de plusieurs régions occidentales comme point de départ de ces liaisons ferroviaires spécialisées dans les échanges de marchandises. Le dernier point est lié à la transition écologique, puisque le train pollue moins que tous les autres moyens de transport. À l'instar de l'Eurostar entre Paris et Londres, la ligne entre Pékin et Shanghai, où les trains circulent à 350 km/h, est devenue plus pratique que l'avion et son succès incite le gouvernement chinois à poursuivre ses investissements dans le rail. Ceux-ci ont été réalisés au prix d'un endettement considérable, ce que les Occidentaux mettent souvent en avant pour critiquer cette politique, mais comme Pékin et certaines institutions, telle la Banque mondiale, l'expliquent, ce sont des sommes investies sur le long terme, ce qui doit relativiser le poids de la dette. Par ailleurs, l'expertise acquise par les Chinois dans ce domaine leur donne un avantage compétitif à l'étranger où les projets ferroviaires sont en forte augmentation.

Je sais que donner la Chine en exemple n'est pas toujours bien perçu. Il n'empêche qu'elle représente un cas d'étude que nous aurions tort de négliger. Je pourrais aussi citer un pays plus proche de nous, la Suisse, qui a fait le pari du rail et anticipé la transition écologique, en s'assurant notamment qu'une bonne partie du fret était transporté par le rail et qu'elle ne deviendrait pas une vaste autoroute pour les poids lourds comme la France. Notre voisin helvétique dispose d'un des réseaux ferroviaires les plus longs et les plus denses d'Europe, avec un total de quelque 5 100 kilomètres de voies. Il est aussi le meilleur d'Europe pour ce qui est du nombre de passagers transportés, de la ponctualité des trains, des kilomètres parcourus par passager et des accidents, selon l'European Railway Performance Index.

Dans ce classement établi en 2017, la France se classe à la 7e place sur 25, ce qui n'est pas déshonorant. Cependant, à y regarder de plus près, on ne peut que s'inquiéter, puisque nous ne cessons, d'étude en étude, de rétrograder. Alors qu'en 2012, nous occupions la deuxième marche du podium, nous sommes passés au 4e rang en 2015. Pendant le même temps, les autres pays ont, pour la plupart, amélioré leurs performances. Je suis persuadé que depuis la publication de cet index, les choses ne se sont pas améliorées chez nous. La SNCF figure parmi les entreprises les plus mal-aimées par les Français. Elle a même longtemps tenu la dernière place dans leur cœur, avant d'être « détrônée » par une société de téléphonie mobile. Cependant, l'entreprise publique ne porte pas entièrement seule la responsabilité de cette situation. L'État actionnaire a grandement contribué à transformer cette compagnie au service du public en une société dont la mission n'est plus aussi claire.

D'une part, le réseau ferroviaire n'a cessé de se réduire pour atteindre environ 28 000 kilomètres contre 63 000 kilomètres en 1930, à son extension maximale. Au cours des dernières décennies, compte tenu de la priorité quasi exclusive donnée au TGV, les lignes secondaires ont été délaissées. Beaucoup ont été fermées au profit de l'autocar, les autres ont vu leur entretien revu à la baisse, entraînant de nombreux retards mais aussi une baisse sensible de la vitesse sur certains tronçons. Je me souviens d'un contrôleur qui me racontait en 2019 que la liaison entre Paris et Clermont-Ferrand se faisait bien plus rapidement dans le milieu des années 1970. Tout cela a induit un manque de ponctualité et de confort, en l'absence de renouvellement du matériel pendant de longues années, et contribué à inciter la population en province à se tourner vers la voiture – diesel de surcroît, car moins onéreux. Il est loin le temps où la SNCF pouvait baser ses campagnes publicitaires sur le slogan *« vitesse, confort, exactitude »*, comme à la fin des années 1960. Quand je vois, par exemple, les difficultés auxquelles mon ami Xavier Bertrand, président de la région des Hauts-de-France, est confronté avec la SNCF qui ne respecte pas, au grand dam des usagers, ses engagements, j'ai le sentiment que nous marchons sur la tête et qu'il faut mettre un terme à cette situation. Non seulement il s'agit d'adopter une cohérence avec la politique de véritable transition écologique, mais aussi de donner un coup d'arrêt à cette tendance d'une France à deux ou trois vitesses au niveau ferroviaire : celle des TGV qui fonctionne à peu près bien, celle des TER qui est à bout de souffle, et celle où il n'y a plus rien. Cela recoupe assez bien les fractures sociales du pays et si l'on n'entreprend rien pour corriger la situation, je ne pense pas que nous parviendrons à remettre, sans mauvais jeu de mots, le pays sur de bons rails.

« Le rail a été l'instrument le plus révolutionnaire de l'histoire au niveau économique et pas seulement à celui des transports », affirmait le sociologue allemand Max Weber au début du XXᵉ siècle. J'ajouterai qu'il a joué un rôle social considérable. À ce titre, la SNCF a longtemps été un symbole fort de la cohésion sociale dans notre pays, à travers à la fois sa mission et l'engagement de ses employés. Malheureusement, ces derniers sont passés du statut de héros, comme l'avait si bien montré le film *La Bataille du rail* (1946) de René Clément, à celui de perturbateurs avec des grèves qui affectent davantage la France des TER que celle des TGV, ce qui accentue encore le sentiment de déclassement chez certains de nos compatriotes. À force de dire qu'ils sont des privilégiés et qu'ils profitent du système, on a fini par déconsidérer les cheminots, et aujourd'hui, la SNCF peine à recruter. Une nouvelle fois, nous avons créé une machine infernale qui va finir par nous exploser à la figure si nous ne changeons pas radicalement notre vision du rail, en particulier au sommet de l'État, pour sortir d'une confusion sur la place que l'on veut accorder au mode de transport motorisé le plus écoresponsable. J'ai déjà évoqué les contradictions gouvernementales vis-à-vis de la transition écologique quand j'ai abordé le sujet du nucléaire. Il va sans dire que cela vaut pour le train, puisque les autorités soutiennent plus l'automobile que le rail.

Sans même évoquer la mise en place d'un grand plan ferroviaire à l'image de celui que j'envisage pour le nucléaire, il faut avoir en tête qu'il manque chaque année plus d'un milliard d'euros d'investissements pour stopper le vieillissement du réseau. Cela explique en grande partie pourquoi SNCF Réseau, qui en a la gestion, s'est surtout concentré sur les grandes lignes au détriment des plus petites, amenées à mourir. Sur ce point, je rejoins Jean Rottner, l'ancien président de la région Grand Est, lorsqu'il écrit, dans une tribune publiée, en juillet 2022, dans *Le Monde,* que « *préserver le "réseau structurant" (les grands lignes) ne suffira pas, si l'essentiel de nos territoires en est déconnecté* ». Je voudrais aussi rappeler qu'en 2021, la France a investi 45 euros par habitant dans son réseau ferroviaire, quand l'Allemagne et le Suisse ont consacré respectivement 124 euros et 413 euros ! Nous sommes loin des modèles chinois et suisse, voire allemand, et si nous ne changeons pas de braquet, nous n'aurons pas fini de le regretter. En parallèle d'un grand plan nucléaire, je pense que la France doit lancer un grand plan ferroviaire, c'est-à-dire avec l'ambition claire et déterminée de lui consacrer sur trente ans entre 15 % et 20 % du total annuel des investissements publics, pour permettre non seulement de rattraper le retard sur l'entretien de l'ensemble du réseau existant, mais aussi de rouvrir des lignes fermées et de développer de nouvelles liaisons. Comme l'ont demandé vingt-quatre opérateurs du rail en Europe, dont la SNCF, dans une tribune publiée, en février 2022, dans *Le Journal du Dimanche* : « *Nous avons besoin des États membres et de l'Union européenne. Nous les appelons à fixer des objectifs de report modal clairs au niveau national. La lutte pour la protection de la planète n'est pas un coût, elle est un investissement. De nouvelles ressources sont nécessaires pour mieux financer le système ferroviaire.* » Le message a l'avantage d'être limpide et exige une réponse qui le serait tout autant.

Pour l'instant, contrairement au discours des autorités, aucune véritable ambition ne se dessine dans ce secteur. Fin novembre 2022, Emmanuel Macron a évoqué « *une grande ambition nationale* » en parlant du développement « *dans dix grandes agglomérations, dans dix métropoles françaises, d'un réseau de RER, un réseau de trains urbains* », sans pour autant détailler ni le calendrier ni le financement. Une grande ambition peut-elle se limiter à la construction de RER ? La question se pose d'autant plus que la partie de la France qui est déjà privée de presque tout reste sur la touche. Le Président s'est aussi défendu d'avoir relancé des petites lignes « *pour remplacer les véhicules individuels polluants* », mais en vérité, nous sommes à la traîne malgré les efforts consentis avec le plan de relance et le projet de budget 2023. « *Rapporté au nombre d'habitants, l'investissement de notre pays dans le réseau ferroviaire est deux fois plus faible qu'en Allemagne et dix fois plus faible qu'en Suisse* », rappelle l'économiste Patricia Pérennes dans une tribune publiée dans *Libération* le 5 décembre 2022. Il faut que cela change, car nous risquons de perdre une opportunité de regagner notre place sur le podium européen à un moment où nos voisins mettent les bouchées doubles. L'Allemagne a décidé un plan d'investissement massif de 86 milliards d'euros, et en Italie, ce sont 179 milliards d'euros sur dix ans qui ont été mis sur la table. Que faut-il encore attendre pour que l'État lance ce grand plan ferroviaire ? J'ai la faiblesse de penser que les Français y seraient favorables, à condition, bien sûr, que cela se traduise assez rapidement par des améliorations dans le service rendu. De ce point de vue, il y a beaucoup à faire. « *Pour les TER et les Transilien, ce sont les régions qui financent 75 % des coûts d'exploitation. Force est de constater que le trafic ne suit pas l'augmentation des contributions publiques : en Île-de-France, entre 2002 et 2019, la contribution publique a augmenté de 110 %, le trafic de 30 %, du fait des coûts très élevés de la SNCF »*, note Jean Coldefy dans *Le Monde*[1]. Et comme le laisse entendre ce spécialiste des mobilités, la mise en œuvre d'un grand plan ferroviaire doit impérativement s'appuyer sur une remise à plat du fonctionnement de la SNCF. Mais cela ne peut pas être envisagé dans l'atmosphère de défiance qui existe actuellement dans l'entreprise publique.

Je ne suis pas sûr qu'une privatisation arrangera les choses. Compte tenu de l'enjeu et de la mission de service public, je suis favorable à l'idée que la SNCF conserve son statut d'entreprise publique et qu'un dialogue transparent soit établi en son sein pour expliquer pourquoi nous avons besoin en France de 1,73 agent pour un kilomètre de réseau alors que ce ratio n'est que de 0,99 en Allemagne, comme le rappelait la Cour des comptes en novembre 2021. Encore une fois, c'est l'efficacité qu'il faut viser, et je suis persuadé que les cheminots veulent la même chose. La transition écologique est l'affaire de tous, et il ne faut pas chercher à monter les uns contre les autres. Je dis amicalement à Clément Beaune, le ministre des Transports, qu'il ne faut pas laisser se développer la confusion entre les différents financements dans le but de montrer

1. « Mobilités : Faire porter l'effort aux seuls budgets publics nous fera aller de crise en crise », *Le Monde* du 17 décembre 2022.

que notre système ferroviaire serait budgetivore. On peut d'ailleurs reprocher au gouvernement tout entier d'entretenir une certaine confusion, à l'instar du ministre des Transports quand il affirme le 24 octobre 2022 sur France Info que la France *« est le pays qui subventionne le plus son système ferroviaire »*. Cela contribue à accroître la défiance vis-à-vis de la SNCF à un moment où l'on a besoin d'elle plus que jamais. C'est aussi une façon pour l'État de se déresponsabiliser, alors que le rail est une des solutions pour parvenir à nos objectifs. Il est évident que le système actuel doit être revu avec la participation active de tous les acteurs et dans une transparence absolue afin qu'aucune question ne reste sans réponse. Et comme pour le nucléaire, il ne faut pas tarder.

La mise en œuvre d'un grand plan ferroviaire aura l'avantage, s'il est mené fermement et activement, de répondre à un retour en grâce du rail comme mode de transport. On constate en France et dans d'autres pays européens une demande accrue de billets de train, chacun voulant contribuer à sa manière à réduire les émissions de gaz à effet de serre. Mais l'offre est insuffisante, ce qui transforme le chemin de fer en un moyen de transport pour les familles les plus aisées. Au lieu d'être un outil de cohésion, il se transforme en un instrument qui confirme les fractures françaises. Seule une nette amélioration de l'offre de trains permettra de rendre les billets plus abordables et d'enraciner durablement le choix de l'utiliser. Alors que partout en Europe se multiplient les trains de nuit, la France, alors qu'elle devrait prendre l'initiative, est une nouvelle fois à la traîne. Elle devrait aussi développer des trains touristiques, comme cela se fait de plus en plus au Japon, où les compagnies déficitaires ont trouvé une source de financement alternative plutôt prometteuse. Avec ses merveilleux paysages et son terroir gastronomique de rêve, la France dispose de formidables atouts pour créer une offre complémentaire susceptible d'attirer une clientèle française et étrangère curieuse de voir la France autrement. Les régions ont tout à gagner à une diversité de l'offre ferroviaire, dans la mesure où cela permettra de recréer un lien qui tend aujourd'hui à s'estomper dès lors que l'on sort des métropoles. Il y a un effet réseau positif à tirer d'un retour du train au premier plan.

Un autre point favorable, je crois, sera de réconcilier les Français avec l'entreprise publique et ses membres. Sans chercher à jouer sur la corde sensible de la nostalgie, le plan ferroviaire que j'appelle de mes vœux peut, s'il est mené avec sincérité, détermination et transparence, redonner du souffle au syndicalisme dans sa dimension humaniste. On pourra me considérer comme un doux rêveur, mais j'ai la conviction que nous avons, par ailleurs, à travers ce chantier, une occasion unique de reconstruire un dialogue social au point mort – un autre élément de notre démocratie qui se porte mal. Alors que, selon l'OCDE, la Suède compte 64,9 % de syndiqués, l'Italie 34,4 %, le Royaume-Uni 23,4 %, l'Allemagne 16,5 %, la France n'en dénombre que 8,8 %. À la Libération, le taux de syndicalisation avoisinait les 50 %. Ces chiffres témoignent, quoi qu'on en dise, d'un dysfonctionnement qui se traduit de plus en plus par le recours à la violence ou par un discours prompt à souligner une certaine violence. Ne parle-t-on pas de « prise d'otages » quand une grève est déclenchée dans les transports ? Voilà pourquoi j'ai le sentiment qu'en faisant du rail le deuxième axe central d'une stratégie sur trente ans, nous avons la possibilité de favoriser l'émergence de nouveaux rapports sociaux qui pourront servir de modèle au reste de la société. Il s'agit en quelque sorte d'une refondation du modèle français à l'aune d'une situation d'urgence qui dépasse notre pays. Mais comme j'ai tenté de l'expliquer tout au long de cet ouvrage, c'est une nécessité pour faire en sorte que la France serve d'aiguillon aux autres pays, à l'Allemagne en particulier, et pour que nous permettions collectivement à l'Europe d'échapper à la tenaille sino-américaine qui tend à se resserrer sur nous. Par ailleurs, nous devons prendre conscience de ce moment historique qui exige plus d'actes et moins de communication. En choisissant de donner au nucléaire et au rail une priorité absolue, la France a la possibilité de changer son destin et sortir de cette ambiance décliniste qui la mine.

Conclusion

La planétisation de notre politique : grand projet européen

Le 19 décembre 2022, plus de 190 États, dans le cadre de la COP 15 sur la biodiversité, sont parvenus à un *« pacte de paix avec la nature »* visant à protéger 30 % de la planète d'ici 2030 et à débloquer 30 milliards de dollars d'aide annuelle à la conservation pour les pays en développement. Cet accord historique a été obtenu sous l'égide de la Chine après plus de quatre années de négociations difficiles. D'un point de vue diplomatique, il s'agit d'une avancée satisfaisante en l'état actuel des relations internationales. Mais chacun sait que cela reste insuffisant et qu'il faudrait, y compris au niveau de la biodiversité, avoir de plus grandes ambitions. Le problème, c'est que la défiance qui s'est installée au niveau mondial, alimentée en grande partie par les tensions entre la Chine et les États-Unis, interdit justement de voir plus grand, alors que cela relève de l'intérêt de l'humanité. Si l'on ajoute la guerre en Ukraine et la multiplication de conflits un peu partout autour de la planète, les conditions ne se prêtent guère à des compromis susceptibles de renverser totalement la vapeur.

Ce qui manque, c'est l'impulsion initiale que seules les grandes puissances sont en mesure d'offrir, comme ce fut le cas en 2015 pour l'accord de Paris. Depuis cette date, les deux premières économies mondiales, qui sont aussi les deux principaux pollueurs, ne parviennent plus à s'entendre, imposant aux autres de vivre au rythme de leurs querelles et de choisir leur camp pour s'assurer l'accès à tel ou tel élément. L'émergence de deux visions concurrentes du monde qui est en train d'advenir sous nos yeux, même si l'on préfère parfois la nier plutôt que de tenter d'y remédier, compromet d'autant plus nos chances de remporter cette bataille décisive contre le réchauffement climatique, alors que notre existence même sur terre est menacée.

Il est peu probable que Pékin et Washington enterrent la hache de guerre, chacun étant entré dans une logique d'affrontement dont la conséquence est aussi de favoriser l'accroissement des budgets militaires un peu partout dans le monde. Les élus américains ont approuvé, mi-décembre, un budget de 858 milliards de dollars pour leur défense, le plus important de l'histoire des États-Unis, tandis que la Chine consacre actuellement au moins 250 milliards pour son armée. Même le Japon, doté d'une Constitution pacifiste, a décidé de faire sauter un verrou en passant ses dépenses militaires de 1 % à 2 % de son PIB pour atteindre les 320 milliards de dollars. À côté de cela, les 30 milliards de dollars annuels alloués à la biodiversité représentent une goutte d'eau et soulignent que le monde pourrait faire bien plus.

L'Europe n'échappe pas à cette fuite en avant sur le plan militaire, notamment depuis l'entrée des chars russes en Ukraine. Elle y est d'autant plus soumise qu'elle se retrouve prise en étau entre son allié historique américain, dont l'engagement aux côtés des Ukrainiens a été déterminant, une Russie menaçante, y compris dans une dimension nucléaire, et la Chine qui profite de ses faiblesses pour accroître son influence et rompre certains équilibres. J'avais déjà abordé cette question dans mon ouvrage *Chine, le grand paradoxe,* y expliquant que rien n'était perdu si les Européens se réunissaient et défendaient ce qu'ils sont, c'est-à-dire une civilisation de paix qui doit faire entendre sa voix dans un monde de plus en plus dangereux. La crise ukrainienne a mis en évidence notre manque de maturité européenne et notre grande dépendance à Washington. Deux ans après la pandémie qui a révélé une autre dépendance, cette fois à l'égard de Pékin et sur le plan industriel, ce nouveau choc devrait enfin nous réveiller et nous amener à passer à l'action.

Notre premier objectif est le retour de la paix sur le continent. À l'heure où j'écris ces lignes, rien n'indique que Moscou ou Kiev soient prêts à négocier pour trouver une issue à leur conflit. En l'espace de quelques mois, la haine et la rancœur se sont creusées entre les deux pays, et il est difficile de savoir comment ils pourront sortir de cette guerre de manière satisfaisante. Néanmoins, il est clair qu'il faudra repenser le système de sécurité européen et que celui-ci devra être piloté par les Européens eux-mêmes, y compris la Russie, pour éviter que l'Europe ne devienne un simple dépôt de munitions prêt à sauter à la moindre étincelle. Il est impératif que nous reprenions la main dans ce domaine, faute de quoi nous resterons à la merci de la mauvaise humeur des uns et des autres. Cette réflexion doit être menée la tête froide, avec une vision à long terme et des horizons, en ne nous laissant pas guider par l'émotion comme c'est désormais trop souvent le cas. Ce n'est sans doute pas facile à notre époque rythmée par les images et les réseaux sociaux, mais c'est la seule manière d'éviter d'entretenir une instabilité durable et préjudiciable à notre indépendance.

Outre sa sécurité « physique », l'Europe doit travailler son engagement international pour offrir une alternative au climat de tension porté par les États-Unis et la Chine. La lutte contre le réchauffement climatique constitue le chantier dans lequel les Européens peuvent s'investir collectivement et apporter la fameuse impulsion dont le monde a besoin pour arriver à un accord qui rendra fier l'ensemble de l'humanité. L'Union européenne a, en tant que troisième pollueur au monde derrière les Chinois et les Américains, la responsabilité de montrer le chemin à emprunter. Elle dispose de moyens technologiques, économiques et financiers susceptibles de changer en partie la donne. Compte tenu de l'importance de l'enjeu, une initiative majeure de la part des Européens leur permettrait de réunir une bonne partie de la planète, je pense notamment à l'Afrique avec laquelle nous avons une proximité géographique et historique. Washington et Pékin auront, pour leur part, moins de difficulté à se ranger derrière un projet forgé par l'Europe. Car le premier, allié naturel des Européens, voudra éviter un trop fort rapprochement entre Européens et Chinois, tandis que le second a tout intérêt à les soutenir compte tenu de leur désir de voir l'UE servir de puissance d'équilibre sur la scène internationale.

Les Européens sont bien mieux placés que d'autres, tentés de prendre du galon au niveau mondial. Je pense en particulier à l'Inde, dont le dynamisme économique, démographique et diplomatique lui donne des arguments, mais dont la rivalité avec la Chine, qui, ces dernières années, s'est traduite par des affrontements militaires le long de la ligne de contrôle effectif dans l'Himalaya, ne facilite pas ses affaires, même si les deux géants asiatiques partagent l'idée d'une refonte de la gouvernance mondiale. L'Europe doit profiter de cette situation pour renforcer ses liens avec New Delhi tout en redéfinissant ses rapports avec la Chine pour s'assurer que Pékin respecte bien son discours sur l'UE et sa volonté de construire des relations gagnant-gagnant. Il faut pour cela se montrer plus proactif à l'égard des Chinois, sans doute beaucoup moins imprévisibles que le sont devenus les Américains, dont nous savons pourtant qu'ils défendent d'abord leurs intérêts. Cela suppose que nous définissions au niveau européen une ligne conductrice de nos rapports avec Pékin, sans que ceux-ci n'apparaissent comme une adhésion aux choix de Washington. L'Europe a aussi des intérêts propres, et elle doit les exprimer avec une détermination collective.

Sur ce sujet, les choses sont loin d'être acquises. Au sein de l'UE, il existe des divisions sur la manière d'aborder la Chine. Cela reflète à la fois les intérêts particuliers des pays et l'influence que Pékin a su développer au cours des dernières années, en profitant justement de nos difficultés à trouver un consensus, entre ceux qui pensaient que la politique de réforme et d'ouverture conduirait les Chinois sur les chemins de l'Occident et ceux qui n'y voyaient qu'une stratégie commerciale. La pandémie a confirmé, si besoin en était, que nous devions lui parler d'une seule voix, mais que pour être écoutés, il fallait sortir des schémas classiques et résoudre certaines de nos contradictions internes. Ce n'est pas gagné, mais il semble qu'au sommet de l'UE, on a compris que la situation exigeait des corrections dans l'approche européenne de la Chine. Parvenir à coordonner les principaux pays, je pense bien sûr à la France et l'Allemagne, est la dernière étape de ce processus. En 2019, une ébauche avait été esquissée, mais elle n'a pour l'instant pas abouti. Le voyage en solitaire d'Olaf Scholz à Pékin en novembre 2022 au lieu d'une visite commune avec Emmanuel Macron souligne la limite de l'exercice.

Il est pourtant indispensable de redynamiser l'axe franco-allemand, grandement affaibli ces derniers temps. Le choc de l'invasion de l'Ukraine a sérieusement ébranlé Berlin qui s'est sentie en insécurité sans le soutien des

États-Unis et avec un partenaire français tout aussi désorienté. Cet objectif impose à la France de procéder à une réflexion profonde sur ce qu'elle est devenue afin d'éviter un véritable divorce avec l'Allemagne. Non seulement ce serait préjudiciable aux deux voisins, mais aussi à l'ensemble européen. L'attitude des États-Unis, surtout préoccupés par leur rivalité avec la Chine, offre une occasion aux Français et aux Allemands de reconsidérer leur coopération. Là encore, il ne faut pas se contenter de saisir l'opportunité. Il est indispensable de réfléchir à de nouveaux ressorts durables et liés à notre avenir commun.

Si les Allemands doivent prendre leur part de responsabilité dans la relance des relations franco-allemandes, les Français ont eux aussi une partition difficile à jouer. La principale difficulté consistant à trouver les arguments pour convaincre leurs partenaires allemands de les écouter et de travailler ensemble pour redonner à l'Europe un rôle central dans le monde. Pour vaincre cette difficulté, la France ne dispose pas d'un choix d'options illimité. Si elle continue sur la voie actuelle, c'est-à-dire dans une politique consistant à limiter les dégâts sans empêcher la dégradation de se poursuivre, il y a de fortes chances que les désillusions soient grandes dans un moyen terme. À vouloir tout résoudre ou tout promettre, on se disperse et la politique n'imprime aucune pédagogie populaire. En revanche, si elle entreprend de suivre un nouveau chemin, fondé sur une vision à long terme autour de deux priorités, et deux seulement, éléments importants pour assurer son indépendance, le nucléaire et le rail, je suis persuadé qu'elle retrouvera des ressources capables d'amener les Allemands à réviser leur jugement. La question cruciale est de savoir si les Français sont prêts. J'en ai la conviction et c'est la raison d'être de cet ouvrage. Je pense en effet qu'ils attendent qu'on leur donne de l'espoir, à un moment où l'on ne leur parle que de déclin. Il n'est pas suffisant de chercher à faire de la France une *« start-up nation »,* même si nous devons encourager les entrepreneurs. Il faut aussi s'appuyer sur des valeurs, certes dépréciées, mais qui seront beaucoup plus faciles à relancer que le fait de créer des écosystèmes autour de nouvelles technologies sur lesquelles nous avons déjà du retard. Cela ne fait pas de moi un obscurantiste ou un homme du passé. Je crois au contraire que le nucléaire comme le train répondent parfaitement au défi principal de notre époque : le réchauffement climatique.

En retrouvant un leadership à travers ces deux domaines sur lesquels elle doit concentrer la majeure partie de ses efforts budgétaires, la

France aura les moyens d'entraîner l'Allemagne – dont la sécurité énergétique va rester précaire – dans l'ambition de donner à l'Europe un rôle déterminant dans la bataille contre le réchauffement climatique. Notre seule façon de peser est la dimension continentale. La France et l'Allemagne disposent d'une puissance suffisante pour s'exprimer sur la scène mondiale, et elles ont les ressources pour mobiliser les autres membres de l'UE. C'est ce qu'il faut viser. Leur chance est de pouvoir compter sur une opinion publique, en particulier les jeunes, désireuse de limiter la casse environnementale. De ce point de vue, si les Européens parviennent à construire une initiative majeure, ils obtiendront le soutien de leur population, mais aussi du reste de la planète. Profiter de « la planétisation de la politique » est assurément une formidable occasion pour l'Europe de retrouver la dynamique qui fut la sienne dans les années 1990.

Il s'agit au fond de créer un cercle vertueux grâce auquel les Européens pourront retrouver la paix et contribuer à la favoriser ailleurs. L'enjeu est crucial et les attentes sont énormes. La responsabilité de l'Europe est historique et l'occasion pourrait ne pas se représenter si elle la laisse passer. En écrivant ce livre d'action, mais aussi de propositions fondées sur des choix, j'ai souhaité prendre ma part de responsabilité en rappelant la nécessité de sortir de notre zone de confort artificiel et d'agir vite et fort. Car notre maison brûle et nous ne pouvons plus regarder ailleurs ! L'oiseau de Minerve, l'oiseau de la sagesse, nous rappelle qu'il y a peu de temps avant la nuit.

Table des matières

Composition
PRESS·PROD

Imprimé en France par
CPI Brodard & Taupin
en février 2023

Dépôt légal : février 2023
N° d'impression : 3051207
ISBN : 978-2-7499-4822-5
LAF : 3145